TESTAMENTO DE LOS DOCE PATRIARCAS

Sabiduría y fe antiguas para creyentes modernos

Mack Honey Harris

Tabla de contenido

INTRODUCCIÓN

Descubriendo la sabiduría de los Doce Patriarcas

El Testamento de los Doce Patriarcas es una fascinante colección de escritos atribuidos a los doce hijos de Jacob, los antepasados de las doce tribus de Israel. Estos textos, ricos en sabiduría y lecciones morales, ofrecen una combinación única de conocimiento histórico y guía espiritual. Captan las voces de estos patriarcas mientras comparten sus reflexiones, advertencias y esperanzas para las generaciones futuras. Si bien los escritos no son parte del canon bíblico tradicional, muchos los han atesorado durante siglos como fuente de inspiración e instrucción.

Los orígenes de estos escritos se remontan al período intertestamentario, una época en la que el pensamiento judío estuvo profundamente influenciado tanto por la tradición como por las culturas circundantes. Los patriarcas, hablando como si estuvieran al final de sus vidas, cuentan sus experiencias, sus luchas y sus triunfos, ofreciendo consejos destinados a guiar a sus descendientes a vivir vidas rectas y significativas. Cada testamento es distinto y refleja la personalidad única y las circunstancias de vida del patriarca que representa. Por ejemplo, Rubén analiza las consecuencias de las fallas morales, mientras que Judá enfatiza el coraje y el arrepentimiento.

Estos textos antiguos resuenan con temas que trascienden el tiempo: la responsabilidad moral, el perdón, la fidelidad y la búsqueda de la justicia. La sabiduría que contienen no se limita a una época o cultura específica. En cambio, sus mensajes son universales y abordan cuestiones sobre el bien y el mal, los desafíos de las relaciones humanas y la necesidad de crecimiento espiritual. Sus enseñanzas son tan relevantes hoy como lo fueron hace miles de años y ofrecen orientación a las personas que buscan vivir con integridad y propósito.

Uno de los aspectos notables del Testamento de los Doce Patriarcas es cómo cierra la brecha entre el pasado y el presente. Si bien los patriarcas vivieron en un mundo muy diferente al nuestro, sus luchas y triunfos a menudo reflejan los que enfrenta la gente de hoy. Sus historias nos recuerdan la importancia de la autorreflexión, el poder del perdón y la necesidad de perseverar ante la adversidad. También resaltan el valor de la comunidad y el impacto de nuestras acciones en los demás.

Para los creyentes modernos, estos escritos ofrecen más que una visión histórica; sirven como hoja de ruta para navegar por las complejidades de la vida. Animan a los lectores a examinar sus propias vidas, tomar mejores decisiones y esforzarse por lograr una conexión más profunda con Dios y con los demás. Al comprender las lecciones de los patriarcas, los lectores pueden obtener fuerza e inspiración para superar desafíos personales y contribuir positivamente a sus comunidades.

Este libro tiene como objetivo explorar en profundidad las enseñanzas de cada patriarca, extrayendo las verdades eternas que transmiten. A través de sus palabras, los lectores descubrirán lecciones prácticas y conocimientos espirituales que pueden guiarlos en su vida diaria. Ya sea que se trate de envidia, se busque justicia o se esfuerce por alcanzar la humildad, la sabiduría de los doce patriarcas ofrece herramientas valiosas para el crecimiento personal y la madurez espiritual.

A medida que recorra estas páginas, descubrirá cómo las vidas y enseñanzas de los patriarcas pueden inspirarlo a vivir con fe, valentía y compasión. Su legado nos invita a todos a abrazar la sabiduría del pasado y aplicarla de manera significativa en el presente.

CAPÍTULO 1

El legado de los doce patriarcas

Los orígenes y el propósito del testamento

El Testamento de los Doce Patriarcas es una importante colección de escritos que ofrece un vistazo a los pensamientos y enseñanzas de los doce hijos de Jacob, los antepasados de las doce tribus de Israel. Estos textos proporcionan no sólo un registro histórico de sus vidas sino también lecciones morales y espirituales destinadas a las generaciones futuras. Cada patriarca reflexiona sobre su vida, comparte experiencias, confesiones y consejos para guiar a sus descendientes y a otras personas que buscan vivir una vida recta.

Los orígenes de estos escritos están ligados a un período conocido como la era intertestamental, que se sitúa entre el Antiguo y el Nuevo Testamento. Esta fue una época en la que la cultura judía estuvo influenciada por las interacciones con la griega y otras civilizaciones vecinas, lo que llevó al desarrollo de un rico cuerpo de literatura fuera de las escrituras canónicas. El Testamento de los Doce Patriarcas pertenece a una categoría de escritos a los que a menudo se hace referencia como textos apócrifos o pseudoepigráficos, lo que significa que fueron atribuidos a personajes famosos pero no incluidos en el canon bíblico oficial. A pesar de esto, muchas comunidades los consideraban muy apreciados por sus ideas y enseñanzas.

El propósito de estos escritos es claro: preservar la sabiduría y la guía moral de los patriarcas para las generaciones futuras. Cada testamento está escrito como si el patriarca estuviera hablando en su lecho de muerte, ofreciendo una reflexión final sobre su vida y las lecciones que aprendió. Estas reflexiones incluyen advertencias sobre los peligros del pecado, consejos sobre cómo vivir una vida fiel y recta y estímulo para confiar en Dios. Los patriarcas también expresan esperanzas y bendiciones para sus descendientes, enfatizando la importancia de permanecer devotos de Dios y guardar Sus mandamientos.

Lo que hace que el Testamento de los Doce Patriarcas sea particularmente significativo es cómo une la historia y la teología. Estos escritos brindan una ventana a los pensamientos y luchas de los patriarcas, haciéndolos identificables para lectores de diferentes épocas y culturas. También enfatizan valores que son centrales para las enseñanzas bíblicas, como la justicia, la humildad, el arrepentimiento y el poder de la fe. Al examinar las vidas de los patriarcas, los lectores pueden ver cómo estos valores fueron probados y mantenidos en diversas situaciones, ofreciendo ejemplos prácticos de cómo vivir según la voluntad de Dios.

El contexto histórico de estos escritos también aumenta su valor. Los patriarcas vivieron durante los primeros días de la historia de Israel, una época de grandes desafíos y oportunidades. Sus vidas fueron moldeadas por sus relaciones mutuas, con sus familias y con Dios. Los testamentos revelan sus luchas personales, como los celos, la traición y el deseo de redención, haciendo que sus historias sean profundamente humanas. Al mismo tiempo, sus reflexiones muestran una profunda comprensión de los principios divinos y la necesidad del crecimiento espiritual.

Para los lectores modernos, el Testamento de los Doce Patriarcas sirve como guía para comprender aspectos clave de las enseñanzas bíblicas. Destaca la importancia de reconocer los propios errores, buscar el perdón y esforzarse por tener una relación más cercana con Dios. Estos escritos también alientan a los creyentes a aprender del pasado, utilizando las experiencias de los patriarcas como fuente de inspiración e instrucción.

También cabe destacar la estructura de los testamentos. Cada uno es único y refleja la personalidad y las experiencias del patriarca que representa. Por ejemplo, Rubén se centra en las consecuencias del fracaso moral, Simeón advierte contra la envidia, Leví analiza las responsabilidades del liderazgo espiritual y Judá enfatiza el arrepentimiento y el coraje. En conjunto, estos escritos forman una guía integral para vivir una vida que honre a Dios y beneficie a los demás.

Además de sus lecciones morales y espirituales, el Testamento de los Doce Patriarcas proporciona información sobre las creencias y valores del pueblo judío durante el período intertestamentario. Los temas de estos escritos a menudo coinciden con los que se encuentran en otros textos judíos, como la importancia del pacto con Dios, la necesidad de justicia y misericordia y la esperanza de redención. También reflejan la lucha constante por permanecer fiel a Dios en un mundo lleno de desafíos y tentaciones.

Uno de los aspectos más convincentes de estos escritos es su énfasis en el legado de los patriarcas. Cada testamento es un recordatorio de que las decisiones que tomamos tienen un impacto duradero en quienes vendrán después de nosotros. Los patriarcas entendieron que sus acciones, tanto buenas como malas, moldearían la vida de sus descendientes. Al compartir sus historias y lecciones, buscaron guiar a las generaciones futuras hacia un camino de rectitud y fe.

El Testamento de los Doce Patriarcas también ocupa un lugar especial en el contexto más amplio de la literatura religiosa. Si bien la mayoría de las tradiciones no lo consideran canónico, ha influido tanto en el pensamiento judío como en el cristiano. Sus temas y enseñanzas resuenan con los que se encuentran en la Biblia, y su énfasis en la reflexión personal y la responsabilidad moral ha inspirado a innumerables lectores. Para quienes estudian la Biblia, estos escritos ofrecen perspectivas adicionales sobre historias y personajes familiares, profundizando su comprensión de la narrativa bíblica.

Hoy en día, el Testamento de los Doce Patriarcas sigue siendo un recurso valioso para quienes buscan crecimiento espiritual y sabiduría. Sus mensajes son atemporales y abordan cuestiones que son tan relevantes ahora como lo fueron hace miles de años. Ya sea que se trate de lidiar con los celos, aprender a perdonar o esforzarse por vivir con integridad, las lecciones de los patriarcas brindan orientación y aliento.

El Testamento de los Doce Patriarcas es un tesoro escondido de ideas históricas y espirituales. Capta las voces de los patriarcas mientras reflexionan sobre sus vidas y ofrecen orientación a las generaciones futuras. Al explorar estos escritos, los lectores pueden obtener una comprensión más profunda de las enseñanzas bíblicas y encontrar consejos prácticos para afrontar las complejidades de la vida. El legado de los patriarcas nos recuerda que la sabiduría y la fe son dones duraderos, destinados a ser compartidos y transmitidos a otros.

Contexto histórico y cultural de los patriarcas

Los doce patriarcas vivieron en un mundo muy diferente al nuestro, una época marcada por sociedades tribales, estilos de vida nómadas y una profunda conexión con la familia y la fe. Su era fue moldeada por el pacto que Dios hizo con su abuelo, Abraham, que sentó las bases de la nación de Israel. Comprender su contexto histórico y cultural nos ayuda a comprender el significado de sus vidas y enseñanzas, así como los desafíos que enfrentaron.

Los patriarcas nacieron en una familia nómada. Jacob, su padre, era un pastor que guió a su familia por la tierra de Canaán, cuidando rebaños y viviendo en tiendas de campaña. Este estilo de vida requería resiliencia, ingenio y fuertes vínculos familiares. La familia se mudaba con frecuencia en busca de pastos para sus animales y se enfrentaba a las duras realidades de la supervivencia en un entorno accidentado. Su mundo era uno de vida sencilla, donde la supervivencia dependía del ganado, la fertilidad de la tierra y la provisión de Dios.

La vida de los patriarcas estuvo profundamente influenciada por el pacto entre Dios y sus antepasados. Este pacto, establecido primero con Abraham y transmitido a Isaac y Jacob, prometía que sus descendientes llegarían a ser una gran nación y heredarían la tierra de Canaán. Esta promesa fue central para su identidad y propósito, moldeando su comprensión de sí mismos como el pueblo elegido de Dios. El pacto también requería obediencia a los mandamientos de Dios y fe en Su guía, que eran temas recurrentes en sus enseñanzas.

La dinámica familiar jugó un papel importante en la configuración de las vidas y personalidades de los patriarcas. La familia de Jacob era numerosa y compleja, con doce hijos nacidos de cuatro madres diferentes. Esta situación creó rivalidades, celos y conflictos, como se ve en la historia de José cuando sus hermanos vendieron como esclavo. Estas tensiones a menudo pusieron a prueba su fe y su carácter, proporcionando valiosas lecciones sobre el perdón, la reconciliación y las consecuencias de la envidia y la traición.

Las prácticas culturales de la época también influyeron en los patriarcas. Por ejemplo, la poligamia era común, al igual que prácticas como la primogenitura y las bendiciones, que determinaban la herencia y los roles de liderazgo dentro de la familia. El concepto de primogenitura, otorgado al hijo mayor, tenía un peso significativo. Sin embargo, en la familia de Jacob, estas tradiciones a menudo fueron trastocadas, como se vio cuando el propio Jacob recibió la bendición destinada a Esaú, o cuando José, no el mayor, recibió una túnica especial que simbolizaba el favor. Estas desviaciones resaltaron la soberanía de Dios y su capacidad para obrar en circunstancias inesperadas.

Los patriarcas vivían en una sociedad patriarcal, donde los hombres tenían autoridad sobre las familias y los clanes. Esta estructura es evidente en sus enseñanzas, ya que a menudo se dirigían a sus descendientes como líderes y modelos a seguir. Sin embargo, la influencia de las mujeres, como sus madres y esposas, también fue profunda y moldeó las decisiones familiares y la vida espiritual. Por ejemplo, las acciones de Raquel y Lea, las esposas de Jacob, impactaron significativamente la dinámica y el legado de la familia.

La región de Canaán, donde vivían los patriarcas, era una tierra de diversas culturas y religiones. Los patriarcas tuvieron que afrontar los desafíos de mantener su fe en el único Dios verdadero mientras vivían entre pueblos que adoraban a múltiples dioses y practicaban la idolatría. Esta tensión cultural se refleja en sus enseñanzas, que frecuentemente enfatizan la importancia de permanecer fieles a Dios y evitar las influencias corruptoras de las naciones vecinas. Su compromiso con el monoteísmo los distinguió y sentó las bases de la identidad de la nación israelita.

Económicamente, la vida de los patriarcas giraba en torno a la agricultura y la ganadería. Las ovejas, las cabras y el ganado vacuno eran sus principales fuentes de riqueza, alimentos y comercio. Su sustento dependía de su capacidad para gestionar los recursos sabiamente, lo que a menudo se refleja en sus enseñanzas sobre el trabajo duro, la mayordomía y la confianza en la provisión de Dios. La práctica del diezmo, es decir, dar una parte de los recursos propios para honrar a Dios, se menciona en relación con sus vidas, destacando su reconocimiento de Dios como el proveedor supremo.

Su era también fue una de alianzas y conflictos tribales. Los patriarcas interactuaron con varios grupos en Canaán, formando acuerdos, enfrentando disputas y, en ocasiones, experimentando hostilidad. Estas interacciones requirieron sabiduría, diplomacia y fe en la protección de Dios. Sus experiencias al enfrentar estos desafíos brindaron lecciones de paciencia, integridad y confianza en Dios, que son evidentes en sus últimas palabras a sus descendientes.

Los acontecimientos históricos que rodearon la vida de los patriarcas también influyeron en la configuración de su legado. Por ejemplo, la hambruna que llevó a Jacob y su familia a Egipto marcó un punto de inflexión en su historia. Este evento no sólo cumplió la promesa de Dios a José acerca de su ascenso al liderazgo, sino que también preparó el escenario para la eventual esclavitud y liberación de los israelitas, como se relata en el libro del Éxodo. Las respuestas de los patriarcas a tales acontecimientos demostraron su confianza en el plan de Dios, incluso en tiempos de incertidumbre.

Las enseñanzas de los patriarcas reflejan los valores y desafíos de su tiempo al tiempo que transmiten verdades eternas. Hicieron hincapié en la importancia de la fe, la obediencia y la perseverancia, aprovechando sus propias experiencias para guiar a las generaciones futuras. Sus palabras también revelan una profunda conciencia de las debilidades humanas y de la necesidad de la gracia y la guía de Dios. Al comprender su contexto histórico y cultural, podemos apreciar mejor la relevancia de sus mensajes y aplicar sus lecciones a nuestras propias vidas.

El legado de los patriarcas se extiende mucho más allá de su familia inmediata. Sus vidas y enseñanzas sentaron las bases de la nación de Israel e influyeron en la herencia espiritual de innumerables generaciones. Su compromiso con el pacto de Dios, a pesar de sus defectos y luchas, sirve como un poderoso ejemplo de fe y resiliencia. Para los creyentes modernos, su historia es un recordatorio de que Dios obra a través de personas comunes y corrientes de maneras extraordinarias, utilizando sus experiencias para cumplir Sus propósitos.

El trasfondo histórico y cultural de los doce patriarcas proporciona un rico contexto para comprender sus vidas y enseñanzas. Su época estuvo marcada por desafíos y oportunidades que pusieron a prueba su fe y moldearon su carácter. Al explorar su mundo, obtenemos una apreciación más profunda de la sabiduría que impartieron y del significado perdurable de su legado. Su historia continúa inspirando y guiando a quienes buscan vivir con fe, integridad y propósito.

Relevancia de sus enseñanzas hoy

Las enseñanzas de los Doce Patriarcas, transmitidas a través de sus testamentos, siguen teniendo relevancia hoy al abordar temas universales de moralidad, espiritualidad y vida comunitaria. Aunque los patriarcas vivieron en una época y una cultura muy diferentes, los principios básicos que transmitieron ofrecen una guía eterna que resuena en las personas que enfrentan los desafíos modernos. Su sabiduría proporciona una brújula moral, fomenta el crecimiento espiritual y ofrece ideas para afrontar los problemas sociales.

Uno de los aspectos más significativos de las enseñanzas de los patriarcas es su énfasis en la integridad moral. A menudo reflexionaban sobre sus propios errores y ofrecían lecciones sinceras sobre las consecuencias de las malas decisiones. Por ejemplo, Judá habló de los peligros del egoísmo y la deshonestidad, mientras que Rubén reconoció el daño causado por las acciones impulsivas. Estas confesiones nos recuerdan que incluso los líderes respetados pueden fallar, pero también que aprender de esos errores es crucial. En el mundo actual, donde las personas a menudo enfrentan presiones para comprometer sus valores, estas enseñanzas alientan la rendición de cuentas y la búsqueda de la rectitud.

Los patriarcas destacaron la importancia de la humildad, la bondad y la justicia. Estas virtudes son esenciales para fomentar relaciones sanas y crear una sociedad armoniosa. La vida moderna, con su ritmo acelerado y su naturaleza competitiva, a veces puede llevar a las personas a priorizar el beneficio personal sobre la compasión. Las palabras de los patriarcas sirven como recordatorio de que la verdadera grandeza radica en servir a los demás, ser justos y tratar a las personas con respeto. Estos valores son tan críticos ahora como lo fueron en la antigüedad, y nos ayudan a navegar las complejidades de las interacciones interpersonales y sociales.

Otra lección perdurable de los patriarcas es el valor de la familia y la comunidad. Sus vidas giraban en torno a sus relaciones mutuas y su compromiso compartido con el pacto de Dios. Destacaron la importancia de la unidad, el perdón y el apoyo mutuo. La historia de José, por ejemplo, destaca el poder del perdón y la reconciliación dentro de una familia. En una era en la que muchas personas experimentan relaciones tensas o se sienten desconectadas de sus comunidades, estas enseñanzas inspiran esfuerzos para sanar divisiones y construir vínculos más fuertes.

Las enseñanzas de los patriarcas también abordan desafíos espirituales que siguen siendo relevantes en la actualidad. Constantemente instaron a sus descendientes a permanecer fieles a Dios, resistir la idolatría y confiar en Su plan. En un mundo moderno lleno de distracciones y prioridades en competencia, mantenerse firme en la fe puede resultar difícil. Sus mensajes alientan un compromiso firme con el crecimiento espiritual, recordando a los creyentes que deben buscar la guía de Dios en cada aspecto de la vida. Sus luchas con la duda y la tentación reflejan las que enfrentan muchos hoy en día, lo que hace que sus victorias y reflexiones sean identificables e inspiradoras.

Además de guía espiritual, los patriarcas brindaron consejos prácticos sobre cómo vivir una vida disciplinada y virtuosa. Advirtieron contra comportamientos como la codicia, la envidia y la pereza, y abogaron en cambio por el trabajo duro, la satisfacción y la generosidad. Estas lecciones siguen siendo muy aplicables en la sociedad contemporánea, donde el materialismo y el egocentrismo a menudo eclipsan valores como la gratitud y el altruismo. Sus palabras nos desafían a centrarnos en lo que realmente importa y a vivir con propósito e integridad.

Los desafíos sociales de su época también son paralelos a los problemas que enfrentamos hoy. Por ejemplo, los patriarcas hablaron de los peligros de la corrupción, la opresión y la injusticia. Pidieron a los líderes actuar con sabiduría y justicia, reflejando el carácter de Dios en sus decisiones. Estas enseñanzas son particularmente relevantes en el mundo actual, donde la gente a menudo se enfrenta a problemas de desigualdad, explotación y abuso del poder. El énfasis de los patriarcas en la justicia y el liderazgo ético sirve como un llamado eterno a la acción para quienes ocupan posiciones de influencia.

Otro tema crítico en sus enseñanzas es la importancia del perdón y las segundas oportunidades. La imperfección humana es un tema recurrente en las historias de los patriarcas, pero también demuestran que la redención siempre es posible. Este mensaje es particularmente significativo en los tiempos modernos, en los que la gente navega por fracasos personales, relaciones rotas y divisiones sociales. Su ejemplo fomenta un espíritu de gracia y reconciliación, recordándonos que el crecimiento y la curación se pueden lograr cuando elegimos el perdón.

El enfoque de los patriarcas en el legado y la responsabilidad sigue teniendo impacto para las audiencias modernas. Entendieron que sus acciones influirían en las generaciones futuras, instando a sus descendientes a defender el pacto y vivir con rectitud. En el contexto actual, este principio resuena con la idea de dejar un impacto positivo en el mundo, ya sea a través de la gestión ambiental, la tutoría de la próxima generación o la promoción de la justicia social. Sus enseñanzas inspiran a las personas a considerar los efectos a largo plazo de sus decisiones y esforzarse por crear un futuro mejor.

Su sabiduría también fomenta la resiliencia ante la adversidad. Los patriarcas enfrentaron numerosos desafíos, desde el hambre y la traición hasta fracasos personales. Sin embargo, permanecieron comprometidos con su fe y misión, confiando en la guía de Dios. Esta resiliencia es una poderosa lección para los tiempos modernos, donde las incertidumbres y las dificultades a menudo ponen a prueba la fuerza y la determinación de las personas. Sus historias nos recuerdan que la perseverancia y la fe pueden conducir a la restauración y la realización, incluso en las circunstancias más difíciles.

Las enseñanzas de los Doce Patriarcas siguen resonando porque abordan los aspectos fundamentales de la experiencia humana: fe, moralidad, relaciones y propósito. Si bien el contexto de sus vidas era diferente, los principios que defendían trascendían el tiempo y la cultura. Sus palabras inspiran a las personas a vivir con integridad, fomentar conexiones significativas y permanecer firmes en su viaje espiritual. Al reflexionar sobre sus lecciones y aplicarlas a nuestras vidas, podemos afrontar los desafíos de los tiempos modernos con sabiduría, coraje y esperanza.

CAPÍTULO 2

Rubén: lecciones de responsabilidad moral

La confesión de Rubén y sus implicaciones

Rubén, el hijo primogénito de Jacob y Lea, ocupa un lugar único en el Testamento de los Doce Patriarcas. Su confesión de fracaso moral, específicamente su pecado de violar a Bilhah, la concubina de su padre, constituye un profundo momento de vulnerabilidad y reflexión. La voluntad de Rubén de admitir abiertamente su transgresión y reflexionar sobre sus consecuencias ofrece valiosas lecciones sobre la responsabilidad personal, la importancia de la responsabilidad moral y el poder redentor del arrepentimiento.

La confesión de Reuben comienza con un sincero reconocimiento de sus acciones. Habla directamente del momento de debilidad que lo llevó por mal camino, explicando que fue impulsado por un impulso incontrolado más que por malicia. Esta transparencia es significativa porque demuestra la importancia de reconocer y nombrar los propios errores. A menudo, las personas evitan admitir sus faltas por vergüenza o miedo a ser juzgadas, pero la honestidad de Reuben muestra que la responsabilidad comienza con la autoconciencia y el coraje de confrontar los propios errores.

Las consecuencias de las acciones de Rubén fueron graves y de gran alcance. Como hijo mayor, se esperaba que Rubén heredara la primogenitura, una posición de gran honor y responsabilidad. Sin embargo, su pecado lo descalificó de este privilegio y finalmente la primogenitura pasó a José. Este cambio no sólo afectó personalmente a Reuben sino que también alteró la dinámica familiar. Sus acciones sirvieron como recordatorio de que las decisiones, especialmente las tomadas de manera impulsiva, pueden tener repercusiones a largo plazo no sólo para el individuo sino también para quienes lo rodean.

La confesión de Rubén es una lección de humildad. Al hablar abiertamente de su caída, demostró su voluntad de asumir la responsabilidad en lugar de desviar la culpa o poner excusas. Este acto de humildad es un poderoso ejemplo para cualquiera que haya cometido errores. Enseña que reconocer nuestros errores no es un signo de debilidad sino un paso hacia el crecimiento y la curación. A través de su ejemplo, Reuben nos anima a afrontar nuestras deficiencias con honestidad e integridad.

Otro aspecto crítico de la historia de Rubén es su reconocimiento de los factores que llevaron a su caída. Advierte a sus descendientes sobre los peligros de los deseos desenfrenados, la ociosidad y la falta de disciplina. Al reflexionar sobre las causas fundamentales de su pecado, proporciona información valiosa sobre cómo evitar errores similares. Sus advertencias alientan la vigilancia para protegerse contra la tentación y resaltan la importancia del autocontrol para mantener la integridad moral.

La confesión de Rubén también enfatiza el tema del arrepentimiento. Aunque sus acciones tuvieron consecuencias irreversibles, buscó enmendar las cosas mediante un arrepentimiento sincero y un compromiso de cambio. Este aspecto de su historia nos recuerda que, si bien los errores son inevitables, no tienen por qué definirnos. El verdadero arrepentimiento implica no sólo sentir remordimiento sino también tomar medidas para evitar repetir los mismos errores. El viaje de Reuben sirve como testimonio de la posibilidad de redención y renovación, incluso frente a graves errores.

Para los lectores modernos, la historia de Reuben ofrece profundas lecciones sobre la importancia de la responsabilidad personal. En un mundo donde el cambio de culpa y la negación son comunes, su voluntad de apropiarse de sus acciones es a la vez inspiradora e instructiva. Nos desafía a examinar nuestras propias vidas, reconocer dónde nos hemos desviado y tomar medidas para corregir las cosas. El ejemplo de Reuben muestra que la rendición de cuentas no se trata sólo de admitir errores sino también de aprender de la experiencia y esforzarse por hacerlo mejor.

La historia de Reuben también destaca el papel del liderazgo y el peso de la responsabilidad. Como primogénito, se esperaba que fuera un ejemplo para sus hermanos y defendiera los valores de su familia. El hecho de que no lo haya hecho sirve como advertencia para cualquiera que esté en una posición de influencia. Nos recuerda que el liderazgo conlleva un estándar de comportamiento más alto y que nuestras acciones pueden tener un impacto profundo en quienes nos admiran.

Además, la experiencia de Rubén nos enseña sobre la complejidad de la naturaleza humana. Su pecado no niega sus otras cualidades ni su potencial para el bien. Esta representación matizada sirve como recordatorio de que las personas no se definen únicamente por sus peores momentos. Más bien, es la forma en que responden a sus errores lo que en última instancia da forma a su carácter. La humildad, la reflexión y el compromiso de Rubén de advertir a sus descendientes muestran que incluso aquellos que fallan pueden aportar sabiduría y guía.

La confesión de Reuben resuena profundamente porque habla de luchas universales. Todos hemos enfrentado momentos de debilidad, hemos tomado malas decisiones o no hemos cumplido con nuestros propios estándares. Su historia ofrece una hoja de ruta para afrontar estos desafíos con integridad. Al reconocer nuestras faltas, aprender de ellas y buscar el perdón, podemos convertir incluso nuestros fracasos en oportunidades de crecimiento y transformación.

El testamento de Rubén no es sólo una reflexión personal sino también un legado de enseñanza y advertencia. Al compartir su historia con sus descendientes, demostró una profunda preocupación por su bienestar y el deseo de ayudarlos a evitar los mismos errores. Este acto de transmitir sabiduría subraya la importancia del aprendizaje generacional y el valor de utilizar las experiencias propias para guiar a los demás.

La confesión de Rubén es una poderosa narrativa de responsabilidad moral y redención. Nos enseña sobre la importancia de la rendición de cuentas, las consecuencias de nuestras acciones y el potencial transformador del arrepentimiento. Su historia nos anima a afrontar nuestras propias deficiencias con honestidad, aprender de nuestros errores y esforzarnos por vivir con integridad y propósito. Al reflexionar sobre las lecciones de Reuben, podemos obtener conocimientos valiosos sobre cómo navegar las complejidades de la vida y convertirnos en mejores personas.

Comprender las consecuencias de los fracasos morales

La historia de Reuben es un poderoso ejemplo de cómo las decisiones morales, ya sean buenas o malas, moldean no sólo nuestras propias vidas sino también las vidas de quienes nos rodean. Como hijo mayor de Jacob, se esperaba que Rubén predicara con el ejemplo y estableciera un estándar de integridad para sus hermanos. Sin embargo, su error moral al deshonrar a la casa de su padre al acostarse con Bilha, la concubina de Jacob, dejó un impacto duradero. Este momento en la vida de Reuben ofrece lecciones sobre cómo las decisiones tomadas en momentos de debilidad pueden traer consecuencias significativas y a veces irreversibles. También destaca la importancia duradera de la integridad para generar confianza y mantener la armonía en las relaciones.

Las acciones de Rubén llevaron a la pérdida de su primogenitura, que era un privilegio tradicionalmente reservado para el hijo primogénito en la antigua cultura hebrea. La primogenitura no era sólo una herencia material; conllevaba responsabilidades espirituales y de liderazgo. El hecho de que Rubén no cumpliera con las normas morales que se esperaban de él resultó en la transferencia de este honor a José. Este resultado sirve como un claro recordatorio de que las malas decisiones, en particular las impulsadas por deseos impulsivos, pueden costarnos oportunidades y privilegios que de otro modo podríamos haber disfrutado.

El impacto del fracaso moral de Reuben se extendió más allá de su propia vida. Creó tensión dentro de la familia y trastornó el orden natural de la herencia. La decepción de Jacob con Rubén es evidente cuando se dirige a sus hijos en su lecho de muerte, llamando a Rubén "inestable como el agua" y declarando que no sobresaldría a causa de su transgresión. Este momento no sólo subraya el costo personal de los errores morales, sino que también demuestra cómo pueden erosionar la confianza y el respeto de los demás. Las acciones de Reuben tensaron la relación con su padre y disminuyeron su posición entre sus hermanos.

Una de las lecciones más importantes de la historia de Reuben es la naturaleza a largo plazo de las consecuencias de los fracasos morales. A diferencia de las heridas físicas, que pueden sanar con el tiempo, las cicatrices que dejan las violaciones de la confianza y la integridad pueden perdurar durante generaciones. En el caso de Reuben, sus acciones quedaron registradas en la memoria colectiva de la familia y sirvieron como advertencia para sus descendientes. Esto ilustra cómo nuestras decisiones pueden dejar un legado, para bien o para mal, que influye en cómo nos perciben las generaciones futuras y en los valores que deciden defender.

La experiencia de Reuben también arroja luz sobre la importancia de la rendición de cuentas. Cuando más tarde confiesa su pecado, demuestra ser consciente de la gravedad de sus acciones y estar dispuesto a asumir la responsabilidad. Si bien su confesión es un paso hacia la redención, no borra las consecuencias de su comportamiento anterior. Esta dualidad es una lección importante para los lectores modernos: si bien el arrepentimiento y la rendición de cuentas son cruciales, no siempre reparan el daño causado por nuestras acciones. Es mucho mejor tomar decisiones basadas en la integridad desde el principio.

La historia de Rubén destaca el papel del autocontrol en el mantenimiento de la integridad moral. Su transgresión no fue premeditada sino más bien el resultado de ceder a un impulso momentáneo. Esto nos enseña la importancia de cultivar la disciplina y la atención plena en nuestra vida diaria. Si estamos atentos a nuestras acciones y a su impacto potencial, podemos evitar tomar decisiones de las que luego podamos arrepentirnos. La historia de Reuben nos recuerda que un solo momento de debilidad puede tener efectos de largo alcance, enfatizando la necesidad de una reflexión constante y el autocontrol.

Otra lección clave de la historia de Reuben es el efecto dominó de los fracasos morales. Cuando alguien en una posición de liderazgo o influencia se queda corto, las consecuencias suelen magnificarse. Como hijo mayor, las acciones de Reuben sentaron un precedente para sus hermanos y se reflejaron en la familia en su conjunto. Esto subraya la responsabilidad que conlleva el liderazgo y la importancia de mantener la integridad para inspirar confianza y respeto en los demás. Ya sea en una familia, una comunidad o cualquier otro grupo, se espera que los líderes mantengan altos estándares morales, ya que sus acciones a menudo sirven como ejemplo a seguir para otros.

La historia de Rubén también brinda la oportunidad de reflexionar sobre el concepto de perdón y restauración. Aunque las palabras de Jacob a Rubén fueron duras, no carecían de esperanza. La voluntad de Rubén de reconocer su error y advertir a sus descendientes contra peligros similares muestra que incluso después de un fracaso moral, hay espacio para el crecimiento y el cambio positivo. Este aspecto de la historia sirve como recordatorio de que, si bien las consecuencias de nuestras acciones son reales, no definen toda nuestra identidad. Con esfuerzo y humildad es posible reconstruir la confianza y contribuir significativamente a la vida de los demás.

Para los lectores jóvenes, la historia de Reuben puede servir como una guía práctica para comprender la importancia de tomar decisiones reflexivas y éticas. Los alienta a pensar en los efectos a largo plazo de sus acciones y a considerar cómo sus decisiones podrían afectar no sólo a ellos mismos sino también a sus familias, amigos y comunidades. Al aprender de los errores de Reuben, pueden desarrollar un mayor sentido de responsabilidad y un compromiso de vivir con integridad.

En el mundo actual, donde la presión para tener éxito y la tentación de tomar atajos están siempre presentes, la historia de Reuben es un recordatorio oportuno del valor de la integridad. Nos enseña que el verdadero éxito no se mide por la riqueza o el estatus sino por la confianza y el respeto que nos ganamos a través de nuestras acciones. Al priorizar la honestidad, la responsabilidad y la autodisciplina, podemos construir un legado que refleje nuestros valores más elevados e inspire a otros a hacer lo mismo.

La historia de Reuben ofrece un rico entramado de lecciones sobre las consecuencias de los fracasos morales y la importancia duradera de la integridad. Nos desafía a reflexionar sobre nuestras propias vidas, a reconocer el impacto potencial de nuestras elecciones y a esforzarnos por alcanzar un estándar de comportamiento que nos eleve a nosotros mismos y a quienes nos rodean. Al aprender de su experiencia, podemos tomar decisiones más reflexivas y crear un efecto dominó positivo que se extiende mucho más allá de nuestras circunstancias inmediatas.

Redención a través de la autorreflexión

La historia de Rubén ofrece una profunda lección sobre la redención a través de la autorreflexión y el arrepentimiento. Aunque sus acciones causaron dolor y decepción, su posterior reconocimiento de sus errores resalta el camino hacia la curación y la renovación. El viaje de Reuben nos enseña que incluso después de errores graves, las personas pueden optar por asumir la responsabilidad, buscar el perdón y esforzarse por mejorar ellos mismos y sus relaciones. Este proceso de redención comienza con una autorreflexión honesta, donde uno enfrenta sus defectos con humildad y voluntad de cambiar.

La autorreflexión implica una mirada profunda y honesta a las propias acciones, sus consecuencias y las motivaciones detrás de ellas. Para Rubén, el momento de claridad llegó cuando reconoció la gravedad de su pecado contra su padre y su familia. Su confesión, registrada en el Testamento, revela su comprensión del dolor que causó y su pesar por la pérdida de confianza y respeto. La disposición de Reuben a hablar abiertamente sobre su fracaso muestra que reconocer los propios errores es un paso crítico en el proceso de redención. Al hacerlo, no sólo comenzó su viaje de curación, sino que también dio ejemplo a sus descendientes, advirtiéndoles que no cometieran errores similares.

La historia de Rubén enfatiza la importancia de asumir la responsabilidad de las propias acciones. No basta simplemente con lamentar lo que se ha hecho; la verdadera redención requiere una admisión de culpa y un compromiso de enmendar cuando sea posible. Reuben no intentó excusar su comportamiento ni echarle la culpa a otros. En cambio, reconoció su error y aceptó las consecuencias. Este nivel de responsabilidad es esencial para el crecimiento personal y para reconstruir la confianza con quienes han sido heridos. Muestra que incluso cuando fallamos, podemos tomar medidas significativas para reparar el daño y demostrar nuestra sinceridad.

Otro aspecto clave de la redención de Rubén es el arrepentimiento, que va más allá de meras palabras o disculpas. El arrepentimiento es un alejamiento sincero de las malas acciones y un esfuerzo deliberado por cambiar el comportamiento de uno. En el caso de Rubén, su confesión estuvo acompañada de un consejo a sus descendientes, instándolos a evitar el camino que él tomó. Esto demuestra que había aprendido de sus errores y estaba decidido a utilizar su experiencia como herramienta de enseñanza para otros. El arrepentimiento implica un compromiso de vivir de manera diferente en el futuro, demostrando a través de acciones que uno toma en serio el cambio.

La experiencia de Rubén también resalta el papel de la humildad en el proceso de redención. Admitir faltas y buscar el perdón requiere dejar de lado el orgullo y reconocer las propias limitaciones. La humildad abre la puerta a la transformación personal porque permite a las personas aceptar críticas constructivas y adoptar los pasos necesarios para mejorar. La voluntad de Reuben de reflexionar sobre sus acciones y compartir sus ideas con los demás demuestra su crecimiento en humildad. Usó su fracaso como una manera de alentar a otros a tomar decisiones más sabias, convirtiendo su arrepentimiento en una fuente de sabiduría y guía.

La historia de Rubén nos recuerda que la redención no se trata de borrar el pasado sino de aprender de él. Los errores, aunque dolorosos, pueden servir como oportunidades para el crecimiento y el autodescubrimiento. El viaje de Reuben muestra que incluso después de fracasos graves, es posible emerger más fuerte y más sabio. Al reflexionar sobre lo que salió mal, comprender el impacto de nuestras acciones y hacer esfuerzos deliberados para cambiar, podemos transformar nuestras vidas y nuestras relaciones.

Para los lectores modernos, la historia de Reuben ofrece lecciones prácticas sobre cómo abordar las deficiencias personales. Nos anima a hacer una pausa y pensar profundamente sobre las decisiones que tomamos, a reconocer cuándo hemos herido a otros y a dar pasos hacia la reconciliación. La redención no es un proceso instantáneo; requiere paciencia, perseverancia y un deseo genuino de crecer. El ejemplo de Rubén muestra que, si bien el camino hacia la redención puede ser desafiante, también es profundamente gratificante.

En el mundo acelerado de hoy, donde admitir errores a menudo se considera un signo de debilidad, la historia de Reuben sirve como recordatorio de la fortaleza que se encuentra en la vulnerabilidad. Reconocer las faltas y buscar el perdón requiere valentía, pero es una parte vital para mantener relaciones saludables y la integridad personal. La humildad y honestidad de Rubén nos enseñan que la redención es posible para cualquiera que esté dispuesto a enfrentar sus defectos y esforzarse por mejorar.

La redención de Rubén también subraya la importancia de la comunidad y el apoyo. Su decisión de confesar sus errores y ofrecer orientación a sus descendientes refleja una comprensión de que el crecimiento personal no es sólo para uno mismo sino también para el beneficio de los demás. Al compartir sus lecciones, Reuben contribuyó al bienestar de su familia y aseguró que su experiencia pudiera servir de guía para las generaciones futuras. Este acto de altruismo resalta la interconexión de la redención y la comunidad, mostrando cómo la transformación individual puede tener un efecto dominó en quienes nos rodean.

Los niños pueden aprender de la historia de Reuben que cometer errores es una parte natural de la vida, pero lo más importante es cómo respondemos ante ellos. Su viaje anima a los jóvenes a asumir la responsabilidad de sus acciones, a buscar el perdón cuando han hecho mal y a utilizar sus experiencias para convertirse en mejores versiones de sí mismos. Les enseña que, si bien nadie es perfecto, todos tienen la capacidad de aprender, cambiar y marcar una diferencia positiva.

La historia de redención de Rubén a través de la autorreflexión y el arrepentimiento es una lección eterna sobre responsabilidad y transformación personal. Nos recuerda que si bien los errores son inevitables, no nos definen. Lo que realmente importa es nuestra voluntad de afrontar nuestros defectos, buscar el perdón y comprometernos a vivir con integridad. Siguiendo el ejemplo de Reuben, podemos encontrar esperanza e inspiración para superar nuestros propios desafíos y construir vidas que reflejen los valores de honestidad, humildad y compasión.

CAPÍTULO 3

Simeón: venciendo el espíritu de envidia

Los peligros de los celos y sus consecuencias

La historia de Simeón demuestra el poder destructivo de la envidia y sus consecuencias de gran alcance, tanto para el individuo como para las relaciones con los demás. La envidia, que comienza como un sentimiento de descontento o resentimiento hacia el éxito, las posesiones o las cualidades de otra persona, puede convertirse rápidamente en acciones y actitudes dañinas si no se aborda. La lucha de Simeón contra los celos hacia su hermano José sirve como advertencia sobre cómo la envidia desenfrenada puede conducir a la división, la traición y el arrepentimiento.

Simeón era uno de los hermanos mayores de José y, al igual que los demás, estaba profundamente preocupado por el favoritismo de su padre Jacob hacia José. El regalo de Jacob de una túnica especial a José simbolizó este favoritismo y alimentó el resentimiento de los hermanos. Simeón, junto con sus hermanos, sintieron envidia de la atención y el cariño que recibía José. Esta envidia se enconó en sus corazones y finalmente los llevó a conspirar contra José, lo que culminó con venderlo como esclavo. Si bien pensaron que esto los libraría de su problema, solo trajo más dolor y culpa a sus vidas.

Los celos son peligrosos porque nublan el juicio y distorsionan la realidad. Simeón y sus hermanos permitieron que su envidia eclipsara el vínculo de hermandad y lealtad que deberían haber sentido hacia José. En lugar de celebrar los talentos y los sueños de José, lo vieron como una amenaza. La envidia a menudo lleva a las personas a percibir a los demás como rivales en lugar de colaboradores, creando conflictos y hostilidad innecesarios. Las acciones de Simeón demuestran cómo los celos pueden llevar a las personas a traicionar a sus seres más cercanos, causando un daño irreparable a las relaciones.

En las relaciones modernas, la envidia puede manifestarse de varias maneras. Puede parecer resentimiento hacia los logros de un amigo, el éxito de un hermano o el ascenso de un colega. Si no se controlan, estos sentimientos pueden generar amargura, competencia y pérdida de confianza. Por ejemplo, en una amistad, la envidia puede hacer que una persona sabotee las oportunidades de la otra o difunda rumores por despecho. En las familias, podría crear división y resentimiento que dure años. La historia de Simeón nos recuerda que la envidia no es sólo una emoción privada; tiene el poder de dañar a comunidades y familias.

Una de las lecciones clave de la historia de Simeón es que la envidia a menudo surge de la inseguridad y la falta de gratitud. Simeón y sus hermanos no podían ver las bendiciones que ya tenían porque estaban obsesionados con lo que tenía José. Esta es una trampa común en la que muchos caen hoy en día, especialmente en un mundo impulsado por las comparaciones en las redes sociales y otras plataformas. Comparar constantemente la vida de uno con la de los demás puede generar insatisfacción y celos, incluso cuando la propia vida está llena de bendiciones. Las acciones de Simeón nos recuerdan la importancia de centrarnos en nuestras propias fortalezas y bendiciones en lugar de envidiar las de los demás.

Las consecuencias de la envidia no son sólo emocionales; también pueden ser espirituales y sociales. La envidia erosiona el corazón, haciendo difícil experimentar alegría, satisfacción o paz. También puede llevar a acciones que dañen a otros, como se ve en la decisión de Simeón de participar en la venta de José como esclavo. Este acto tuvo repercusiones a largo plazo no sólo para José, sino para toda la familia. La culpa de los hermanos y la tensión en sus relaciones con su padre crearon un legado de dolor que podría haberse evitado. Hoy en día, la envidia desenfrenada puede conducir a resultados similares, como amistades dañadas, conflictos laborales e incluso transgresiones legales o morales.

Las luchas de Simeón contra la envidia también resaltan la importancia de la rendición de cuentas y el arrepentimiento. Aunque sus acciones iniciales fueron impulsadas por los celos, acontecimientos posteriores de su vida, particularmente sus encuentros con José en Egipto, lo obligaron a enfrentar las consecuencias de sus acciones. Cuando José, ahora un líder poderoso, puso a prueba a sus hermanos acusándolos de ser espías, Simeón fue el que fue detenido. Este momento probablemente le dio tiempo para reflexionar sobre sus decisiones y su impacto. Sirve como recordatorio de que, si bien la envidia puede conducir a acciones destructivas, siempre existe la oportunidad de reconocer los errores y enmendarlos.

Superar la envidia requiere un esfuerzo intencional y la voluntad de abordar sus causas fundamentales. La gratitud es un poderoso antídoto contra los celos. Al centrarse en las bendiciones propias y expresar agradecimiento por ellas, las personas pueden cambiar su perspectiva de lo que les falta a lo que tienen. La historia de Simeón sugiere que si él y sus hermanos hubieran estado más agradecidos por su familia y el amor de su padre, podrían haber celebrado los éxitos de José en lugar de resentirse por ellos.

Otra forma de combatir la envidia es fomentando el sentido de humildad y autoconciencia. Reconocer que cada uno tiene fortalezas, talentos y roles únicos que desempeñar puede ayudar a reducir los sentimientos de celos. Simeón y sus hermanos lucharon con la creencia de que los sueños de liderazgo de José disminuían su propio valor. Sin embargo, comprender que el éxito de Joseph no les quitó su propio potencial podría haberles ayudado a ver sus sueños como una oportunidad para que toda la familia creciera y prosperara.

La historia de Simeón también enseña la importancia de la comunicación abierta y la resolución de conflictos de manera constructiva. Si Simeón y sus hermanos hubieran expresado sus sentimientos a Jacob o a José, podrían haber abordado el tema del favoritismo de una manera más saludable. La comunicación puede prevenir malentendidos y ayudar a las personas a procesar emociones como los celos de manera constructiva. Para las relaciones modernas, esta lección subraya el valor de la honestidad y el diálogo para generar confianza y resolver problemas.

Las luchas de Simeón contra la envidia ofrecen lecciones eternas sobre los peligros de los celos y sus consecuencias. La envidia, si no se controla, puede conducir a acciones que dañan a los demás y dañan las relaciones. Sin embargo, la historia de Simeón también muestra que es posible reconocer y superar los celos a través de la gratitud, la humildad y la comunicación. Al reflexionar sobre las causas fundamentales de la envidia y hacer un esfuerzo consciente para celebrar los éxitos de los demás, las personas pueden construir relaciones más sólidas y saludables y llevar una vida más plena. El viaje de Simeón nos recuerda que, si bien la envidia es una emoción humana natural, no tiene por qué definirnos ni dictar nuestras acciones.

El poder del perdón en las relaciones curativas

El perdón es una de las fuerzas más poderosas para sanar relaciones rotas. Permite a las personas dejar de lado la ira, el resentimiento y el dolor, reemplazando esas emociones con comprensión, compasión y amor. La historia de Simeón, en particular su reconciliación con su hermano José, proporciona un ejemplo profundo de cómo el perdón puede reparar incluso las heridas más profundas y restaurar los lazos familiares. Esta lección es eterna y ofrece orientación para cualquiera que busque reparar relaciones fracturadas en sus propias vidas.

Simeón era uno de los hermanos de José que albergaba un profundo resentimiento y celos hacia él. Junto con los otros hermanos, Simeón jugó un papel importante al traicionar a José, venderlo como esclavo y engañar a su padre Jacob haciéndole creer que José estaba muerto. Esta traición causó un sufrimiento inmenso, no sólo para José sino también para toda la familia. Sin embargo, años más tarde, cuando los hermanos se encontraron con José en Egipto, ahora un líder poderoso, surgió la oportunidad de la reconciliación.

El enfoque de José hacia el perdón es un elemento clave para comprender su poder. En lugar de revelar inmediatamente su identidad a sus hermanos, José los puso a prueba para ver si habían cambiado. Esto le permitió evaluar su remordimiento y asegurarse de que sus corazones estuvieran listos para la reconciliación. El perdón no siempre es inmediato;

a menudo implica un proceso de reflexión y comprensión. Al tomarse el tiempo para evaluar la situación, José demostró sabiduría y paciencia, cualidades esenciales en el camino hacia el perdón.

Cuando José finalmente se reveló a sus hermanos, fue un momento de increíble gracia. A pesar del inmenso dolor que le habían causado, José decidió perdonarlos. Sus palabras: "No os angustiéis ni os enojéis por venderme aquí, porque fue para salvar vidas que Dios me envió delante de vosotros", reflejan su decisión de dejar de lado el resentimiento y centrarse en el panorama más amplio. La capacidad de José para ver un propósito mayor en su sufrimiento le permitió perdonar a sus hermanos plenamente y sin condiciones. Esto resalta una lección importante: el perdón a menudo implica mirar más allá del dolor para encontrar significado o crecimiento en la experiencia.

Para Simeón y los demás hermanos, el perdón de José fue transformador. Les permitió enfrentar su culpa y asumir la responsabilidad de sus acciones sin sentirse abrumados por la vergüenza. El perdón no borra el pasado, pero crea un camino hacia adelante. En este caso, no solo restauró el vínculo entre José y sus hermanos, sino que también sanó a su familia, permitiéndoles reunirse en un momento de gran necesidad. La historia de Simeón muestra que el perdón puede reconstruir la confianza y crear oportunidades de crecimiento y conexión.

En las relaciones modernas, el poder del perdón es igualmente profundo. Los conflictos y malentendidos son inevitables en cualquier relación, ya sea entre familiares, amigos o parejas. Aferrarse a la ira o al resentimiento sólo prolonga el dolor y amplía la división entre las personas. El perdón, por otro lado, rompe el ciclo del dolor y permite la curación. Requiere humildad, empatía y voluntad de dejar de lado el deseo de venganza o retribución.

El perdón también beneficia a quien lo ofrece. Aferrarse a la ira o al resentimiento puede ser emocionalmente agotador e incluso físicamente dañino. Los estudios han demostrado que el perdón puede reducir el estrés, mejorar la salud mental y promover el bienestar general. Al perdonar a sus hermanos, José se liberó del peso de la amargura y la ira, lo que le permitió vivir con una sensación de paz y propósito. Este es un poderoso recordatorio de que el perdón es tanto para el que perdona como para el perdonado.

Para quienes buscan reparar relaciones dañadas, la historia de Simeón ofrece ideas prácticas. En primer lugar, perdonar no significa perdonar una conducta dañina ni olvidar el pasado. Más bien, implica reconocer el dolor y al mismo tiempo elegir liberar las emociones negativas asociadas con él. Esto permite a ambas partes avanzar sin quedar atrapadas por errores del pasado. En segundo lugar, el perdón a menudo requiere comunicación y voluntad de comprender la perspectiva de la otra persona. Las conversaciones de José con sus hermanos les permitieron expresar su remordimiento y tomar medidas hacia la reconciliación.

Otra lección de la historia de Simeón es la importancia de asumir la responsabilidad de las propias acciones. Simeón y sus hermanos tuvieron que afrontar el dolor que causaron a José y a su padre. Su viaje hacia el perdón implicó un arrepentimiento genuino y un deseo de enmendar las cosas. Este es un paso crucial para reparar las relaciones; Ambas partes deben estar dispuestas a reconocer su papel en el conflicto y trabajar juntas para reconstruir la confianza.

El perdón también implica establecer límites y garantizar que los errores del pasado no se repitan. La prueba inicial que José hizo a sus hermanos fue su manera de asegurarse de que habían cambiado y de que sus intenciones eran sinceras. En las relaciones modernas, esto podría significar tener conversaciones honestas sobre las expectativas y crear un ambiente donde la confianza pueda florecer.

La historia de Simeón demuestra que perdonar no siempre es fácil, pero siempre vale la pena. Requiere coraje y vulnerabilidad, pero las recompensas son inmensas. El perdón puede curar heridas, fortalecer relaciones y acercar a las personas. Es un poderoso recordatorio de que no importa cuán profundo sea el dolor o la traición, siempre hay esperanza de reconciliación.

La historia de Simeón y José destaca el poder transformador del perdón en las relaciones sanadoras. El perdón permite a las personas liberar emociones negativas, reconstruir la confianza y crear un camino a seguir. Beneficia tanto al perdonador como al perdonado, fomentando la paz, la comprensión y la conexión. Ya sea en el contexto de la familia, las amistades u otras relaciones, las lecciones de esta historia siguen siendo eternas y relevantes, y nos alientan a elegir el perdón como una forma de sanar y crecer.

Cultivar la satisfacción y la gratitud

La alegría y la gratitud son virtudes poderosas que ayudan a superar la naturaleza destructiva de la envidia. Permiten a las personas apreciar sus propias vidas y reconocer las bendiciones que ya poseen, creando una base para la paz y la felicidad. La lucha de Simeón contra la envidia y las lecciones que surgen de su historia resaltan la importancia de estas cualidades y brindan ideas valiosas para cualquiera que busque cultivar una perspectiva más satisfactoria de la vida.

La envidia muchas veces comienza con la comparación. Simeón y sus hermanos se compararon con José, lo que provocó sentimientos de celos. La relación especial de José con su padre y sus sueños de grandeza hicieron que Simeón se sintiera inadecuado y resentido. Esta sensación de injusticia alimentó la envidia, que en última instancia condujo a acciones dañinas. Sin embargo, la clave para superar la envidia reside en cambiar el enfoque de lo que otros tienen a lo que poseemos. En lugar de permitir que las comparaciones generen insatisfacción, la satisfacción nos enseña a valorar nuestro viaje y nuestras contribuciones únicas.

Una forma de cultivar la satisfacción es practicando la autoconciencia. Reconocer cuándo surgen sentimientos de envidia permite a las personas hacer una pausa y examinar sus emociones. Por ejemplo, Simeón podría haberse preguntado por qué los sueños de José causaron reacciones negativas tan fuertes. Esta reflexión podría haber revelado inseguridades o deseos insatisfechos que necesitaban atención. Al comprender la raíz de la envidia, las personas pueden abordar sus sentimientos y redirigir su energía hacia el crecimiento personal en lugar del resentimiento.

Otro aspecto vital de la satisfacción es aprender a establecer expectativas realistas. La envidia a menudo surge de comparaciones poco realistas con los éxitos o posesiones de otros. Simeón y sus hermanos no pudieron controlar el favoritismo de su padre ni los sueños de José, pero permitieron que estos factores externos dictaran sus emociones. En la vida, centrarse en lo que podemos controlar en lugar de lamentarnos por lo que no podemos fomenta una sensación de empoderamiento y reduce los sentimientos de envidia. Este cambio de perspectiva ayuda a las personas a encontrar la paz en sus circunstancias y apreciar sus fortalezas.

La gratitud complementa la satisfacción fomentando una mentalidad de aprecio. Cuando las personas se centran en aquello por lo que están agradecidos, naturalmente desvían su atención de lo que les falta. Simeón y sus hermanos tuvieron muchas bendiciones que pasaron por alto, incluida la fortaleza de su familia, su herencia y las oportunidades de crecer y contribuir a su comunidad. Al practicar la gratitud, podrían haber podido celebrar los logros de José sin sentirse amenazados.

Una forma práctica de cultivar la gratitud es mediante la reflexión diaria. Tomarse unos momentos cada día para reconocer y apreciar bendiciones específicas ayuda a desarrollar el hábito de la gratitud. Esto podría incluir escribir en un diario, compartir momentos positivos con miembros de la familia o reflexionar en silencio sobre los buenos aspectos de la vida. Con el tiempo, esta práctica entrena la mente para centrarse en la abundancia en lugar de la escasez, lo que reduce los sentimientos de envidia y fomenta una sensación de plenitud.

Servir a los demás es otra forma eficaz de combatir la envidia y fomentar la gratitud. Los actos de bondad desvían la atención hacia afuera y recuerdan a las personas el valor que aportan a la vida de los demás. La historia de Simeón podría haber tomado un rumbo diferente si hubiera elegido apoyar a José en lugar de resentirse con él. Al ayudar a otros a tener éxito, las personas experimentan la alegría de contribuir a un bien mayor, lo que refuerza la gratitud por sus propias habilidades y oportunidades.

La atención plena es otra herramienta poderosa para cultivar la satisfacción y la gratitud. Estar plenamente presente en el momento permite a las personas apreciar la belleza y la riqueza de sus vidas sin distracciones. Simeón y sus hermanos estaban tan preocupados por sus celos hacia José que no reconocieron las bendiciones en sus propias vidas. La atención plena nos enseña a saborear alegrías simples, como pasar tiempo con nuestros seres queridos o disfrutar de la naturaleza, lo que puede ayudar a reducir los sentimientos de envidia.

El perdón también juega un papel en el cultivo de la alegría y la gratitud. La envidia a menudo surge de sentimientos no resueltos de dolor o injusticia. El resentimiento de Simeón hacia José puede haber sido alimentado por sentimientos más profundos de abandono o competencia dentro de su familia. Al elegir el perdón, las personas se liberan de la carga de las emociones negativas, creando un espacio para la gratitud y la paz. El perdón ayuda a las personas a centrarse en los aspectos positivos de sus relaciones y a seguir adelante con una sensación de renovación.

Otra estrategia para fomentar la satisfacción es celebrar los éxitos de los demás. En lugar de ver los logros de otra persona como una amenaza, las personas pueden optar por verlos como inspiración o prueba de lo que es posible. Simeón y sus hermanos podrían haber apoyado los sueños de José, reconociendo que su éxito también beneficiaría a su familia. En la vida moderna, celebrar los logros de los demás fortalece las relaciones y reduce el aguijón de la envidia, promoviendo una cultura de respeto y aliento mutuos.

La satisfacción y la gratitud también aumentan cuando las personas alinean sus vidas con sus valores y propósitos. La envidia que Simeón sentía hacia José podría haberse reducido si se hubiera centrado en su papel único y sus contribuciones dentro de la familia. Cuando las personas invierten tiempo y energía en actividades que les aportan significado y alegría, es menos probable que sientan envidia del camino de los demás. Identificar metas personales y trabajar para lograrlas crea una sensación de satisfacción que naturalmente contrarresta los sentimientos de insuficiencia o comparación.

La historia de Simeón ilustra el poder destructivo de la envidia, pero también ofrece esperanza para superarla mediante la alegría y la gratitud. Estas cualidades requieren esfuerzo y práctica intencionales, pero su impacto es transformador. Al centrarse en el crecimiento personal, celebrar las bendiciones y apreciar a los demás, las personas pueden liberarse del ciclo de la envidia y construir una vida llena de paz, alegría y propósito. Estas lecciones eternas siguen siendo relevantes para cualquiera que busque nutrir sus relaciones, fortalecer su carácter y abrazar la riqueza de su propio viaje.

CAPÍTULO 4

Levi: Abrazando un llamado sagrado

El viaje de Leví hacia el sacerdocio y la santidad

La historia de Leví en el Testamento de los Doce Patriarcas es un ejemplo convincente de transformación y dedicación a un llamamiento sagrado. Su viaje para convertirse en líder espiritual está lleno de lecciones sobre responsabilidad, propósito y devoción a una causa superior. A través de las experiencias de Levi, aprendemos la importancia de aceptar un llamado con fe y humildad, y cómo esa dedicación puede tener un impacto duradero en las personas y sus comunidades.

El camino de Levi hacia el sacerdocio comenzó en el contexto de las luchas de su familia y sus propios desafíos personales. Como tercer hijo de Jacob y Lea, Leví jugó un papel clave en la defensa del honor de su familia cuando su hermana Dina fue agraviada. Sin embargo, este acto de venganza reveló tanto su fuerza como su necesidad de refinamiento espiritual. Sus acciones, aunque impulsadas por un sentido de justicia, mostraron los peligros de la ira incontrolada. Fue a través de la autorreflexión y la guía divina que Levi comenzó su transformación.

El llamado de Leví al sacerdocio no se basó únicamente en sus acciones sino en su potencial de liderazgo espiritual. En el Testamento habla de visiones y encuentros divinos que revelaron su propósito. Fue elegido para servir a Dios y a su pueblo como sacerdote, función que requería pureza, disciplina y compromiso inquebrantable. Esta responsabilidad sagrada lo distinguió, ya que tenía la tarea de enseñar las leyes de Dios, realizar sacrificios y dirigir la adoración. Su historia nos enseña que un llamado sagrado a menudo conlleva responsabilidades importantes que exigen preparación y dedicación.

Uno de los temas centrales del viaje de Leví es la idea de la purificación. Para servir como sacerdote, Leví tuvo que pasar por un proceso de limpieza y crecimiento espiritual. Este proceso implicó confrontar sus propias debilidades, buscar el perdón y comprometerse con una vida de santidad. Para los lectores modernos, este aspecto de la historia de Leví resalta la importancia del crecimiento personal en la búsqueda de un propósito superior. Ya sea que uno esté llamado al liderazgo espiritual o a otra forma de servicio, aceptar un llamado requiere humildad y voluntad de aprender y crecer.

La transformación de Leví también subraya la importancia de la fe y la confianza en la guía divina. Sus visiones y encuentros con Dios le brindaron claridad y dirección, reforzando la idea de que un llamado sagrado a menudo se revela a través de experiencias espirituales. La disposición de Leví de seguir esta guía, incluso cuando requirió sacrificio, demuestra el coraje y la confianza necesarios para cumplir el propósito de uno. Su historia nos anima a permanecer abiertos a la guía divina en nuestras propias vidas, confiando en que nuestros talentos y experiencias únicos son parte de un plan mayor.

Otra lección clave del viaje de Leví es el papel del servicio en un llamamiento sagrado. Como sacerdote, Leví no sólo era responsable de dirigir los rituales sino también de enseñar y guiar a su comunidad. Su dedicación a servir a los demás ilustra que un verdadero llamado no se trata de beneficio personal sino de generar un impacto positivo en los demás. El ejemplo de Levi nos recuerda que el liderazgo tiene sus raíces en el servicio y que quienes abrazan su llamado deben priorizar las necesidades de su comunidad.

La historia de Levi también resalta la importancia de la familia y la tradición en el cumplimiento de un llamamiento sagrado. Como uno de los hijos de Jacob, el papel de Leví como sacerdote estaba profundamente conectado con el pacto entre Dios y los descendientes de Abraham. Su servicio fue parte de una narrativa más amplia de fe y obediencia que abarcó generaciones. Esta conexión con su herencia le proporcionó a Levi un sentido de propósito e identidad, reforzando la idea de que un llamado sagrado a menudo implica honrar el legado de quienes nos precedieron.

En el mundo actual, el viaje de Levi ofrece información valiosa para quienes buscan abrazar su propia vocación. Su historia nos enseña a abordar nuestro propósito con dedicación y humildad, reconociendo que el verdadero liderazgo requiere sacrificio y servicio. También nos anima a buscar guía espiritual y permanecer abiertos al crecimiento, sabiendo que nuestros dones únicos pueden usarse para beneficiar a otros.

La transformación de Levi en líder espiritual también sirve como recordatorio de que un llamado sagrado no se limita a roles religiosos. Si bien el sacerdocio de Leví fue central en su historia, los principios de dedicación, servicio y fe son relevantes para cualquiera que persiga un propósito significativo. Ya sea en educación, atención médica, servicio comunitario u otros campos, abrazar un llamado implica reconocer el valor de nuestras contribuciones y esforzarnos por marcar una diferencia en las vidas de los demás.

El viaje de Levi hacia el sacerdocio y la santidad es una historia de transformación, fe y compromiso con un propósito superior. Su ejemplo nos desafía a reflexionar sobre nuestras propias vidas y considerar cómo podemos usar nuestros talentos y experiencias para servir a los demás y honrar nuestro llamado. Al aprender de las experiencias de Levi, podemos afrontar nuestros propios viajes con valentía y determinación, confiando en que nuestros esfuerzos tendrán un impacto duradero en el mundo que nos rodea.

Comprender el papel del liderazgo espiritual

El liderazgo espiritual ocupa un lugar único y vital en la historia de la humanidad, y sirve como puente entre los principios divinos y las vidas de los individuos y las comunidades. El papel de Leví como sacerdote en el Testamento de los Doce Patriarcas ejemplifica las responsabilidades, los desafíos y las recompensas de tal liderazgo. Su vida ilustra la dedicación que se requiere para guiar espiritualmente a otros, las pruebas que conlleva este rol y el impacto que el verdadero liderazgo puede tener en una comunidad.

La posición de Leví como sacerdote era importante en su época, ya que se le confiaba la enseñanza de las leyes de Dios, la realización de rituales sagrados y servir como ejemplo espiritual para su pueblo. El papel de sacerdote requería una profunda comprensión de los principios divinos, un compromiso inquebrantable y la capacidad de inspirar a otros a vivir según los mandamientos de Dios. Las responsabilidades de Leví iban más allá de la devoción personal; era responsable del bienestar espiritual de toda una comunidad. Esto subraya la idea de que el liderazgo espiritual no es simplemente una posición de honor sino un papel de inmensa responsabilidad y servicio.

Uno de los aspectos clave del liderazgo de Levi fue su papel como maestro. Como sacerdote, se le encargó impartir sabiduría y guiar a su comunidad en la comprensión y práctica de las leyes de Dios. Esta responsabilidad requería claridad, paciencia y una profunda comprensión de las enseñanzas espirituales. La historia de Levi destaca la importancia de ser un líder informado y accesible, alguien que pueda cerrar la brecha entre la sabiduría divina y la vida cotidiana. Su dedicación a la enseñanza nos recuerda que el verdadero liderazgo espiritual implica empoderar a otros para que crezcan en su fe e integridad moral.

El papel de Leví también implicaba realizar rituales sagrados y mantener la pureza de las prácticas de adoración. Como sacerdote, actuaba como intermediario entre el pueblo y Dios, ofreciendo sacrificios y oraciones en su nombre. Este aspecto de su liderazgo requirió una atención meticulosa a los detalles y un profundo sentido de reverencia por lo divino. A través de sus acciones, Leví demostró la importancia de la humildad y la disciplina en el servicio espiritual. Su ejemplo nos enseña que los líderes deben defender los valores que enseñan y encarnar los principios que desean inculcar a los demás.

Sin embargo, el liderazgo espiritual también conlleva sus desafíos, y la historia de Levi revela algunas de las dificultades que enfrentó. Los líderes suelen cargar con la carga de tomar decisiones difíciles y abordar los conflictos dentro de sus comunidades. La vida de Levi muestra que los líderes espirituales deben navegar por las complejidades de las relaciones humanas mientras mantienen su compromiso con la justicia y la compasión. Este acto de equilibrio puede ser exigente y requerir sabiduría, coraje y una fuerte conexión con la propia fe.

Otro desafío del liderazgo espiritual es la expectativa de permanecer firme ante la crítica o la adversidad. El papel de Leví como sacerdote probablemente lo llevó a situaciones en las que sus decisiones fueron cuestionadas o mal entendidas. Sin embargo, su fe y dedicación le permitieron perseverar, dando un ejemplo a seguir para otros. Su historia nos recuerda que los líderes deben poseer resiliencia y un sentido de propósito, manteniéndose fieles a su llamado incluso en tiempos difíciles.

El viaje de Levi también destaca la importancia de la autorreflexión y el crecimiento personal en el liderazgo. Antes de asumir su rol como sacerdote,

Leví pasó por un proceso de transformación, abordando sus propios defectos y buscando la purificación espiritual. Este aspecto de su historia nos enseña que los líderes deben esforzarse continuamente por mejorar, reconociendo que su crecimiento personal impacta directamente su capacidad para guiar a otros. El ejemplo de Levi anima a los líderes a abordar sus responsabilidades con humildad, reconociendo su propia necesidad de aprendizaje y desarrollo.

El impacto del liderazgo espiritual de Leví se extendió más allá de su vida, influyendo en las generaciones futuras y moldeando la fe de sus descendientes. Su dedicación al servicio de Dios y su comunidad estableció un estándar de liderazgo que resuena incluso hoy. La historia de Levi subraya la idea de que el verdadero liderazgo deja un legado duradero, que inspira a otros a vivir con propósito e integridad. Su vida nos recuerda que las acciones de un líder pueden tener efectos de largo alcance, dando forma al tejido espiritual y moral de una sociedad.

Para los lectores modernos, el papel de Leví como sacerdote ofrece lecciones valiosas sobre la naturaleza del liderazgo y el servicio. Su historia nos desafía a considerar cómo podemos encarnar las cualidades de un líder espiritual en nuestras propias vidas, ya sea en contextos religiosos, personales o profesionales. La dedicación de Levi a la enseñanza, su compromiso con la pureza y su resiliencia frente a los desafíos sirven como ejemplos eternos de lo que significa liderar con integridad y fe.

El liderazgo espiritual no se limita a roles formales dentro de las instituciones religiosas. La vida de Levi nos enseña que cualquiera puede asumir el liderazgo guiando a otros hacia la verdad, la compasión y la justicia. Ya sea a través de tutorías, enseñanza o simplemente dando un ejemplo positivo, todos tenemos el potencial de influir en los demás y contribuir al crecimiento espiritual de nuestras comunidades. La historia de Levi nos anima a asumir esta responsabilidad con humildad y valentía, confiando en que nuestros esfuerzos pueden marcar una diferencia significativa.

El papel de Leví como sacerdote en el Testamento de los Doce Patriarcas resalta la naturaleza multifacética del liderazgo espiritual. Su vida nos enseña sobre las responsabilidades de guiar a otros, los desafíos que enfrentan los líderes y el impacto duradero de un líder dedicado y fiel. El ejemplo de Levi sirve como un poderoso recordatorio de que el verdadero liderazgo tiene sus raíces en el servicio, la integridad y el compromiso con el bienestar de los demás.

Lecciones sobre el servicio fiel a Dios

La vida de Leví sirve como un profundo ejemplo de lo que significa vivir en fiel servicio a Dios. Su dedicación, acciones y decisiones ilustran la esencia del compromiso con un propósito superior, mostrando valores que continúan inspirando y guiando a los creyentes. A través de su historia, aprendemos la importancia de priorizar a Dios en nuestras vidas, mantener la integridad y vivir con propósito.

Uno de los aspectos más notables de la vida de Levi es cómo reconoció y abrazó su llamado sagrado. Desde una etapa temprana, Leví entendió que su papel no se trataba de ganancia o reconocimiento personal sino de servir a Dios y cumplir un propósito divino. Su dedicación a esta misión nos muestra que el servicio fiel comienza con la comprensión y aceptación del papel que Dios nos ha dado. La voluntad de Levi de alinear su vida con el plan de Dios demuestra la humildad y la obediencia necesarias para estar verdaderamente comprometido con el servicio divino.

Las acciones de Leví como líder espiritual reflejaron su devoción a Dios. Como sacerdote, era responsable de enseñar las leyes de Dios, dirigir el culto y servir como ejemplo moral para su comunidad. Estas responsabilidades requerían inmensa dedicación, disciplina y un enfoque inquebrantable en las necesidades espirituales de los demás. La vida de Levi nos recuerda que el servicio fiel a menudo implica anteponer las necesidades de los demás a las nuestras y estar dispuestos a trabajar incansablemente en beneficio de la comunidad. Su ejemplo nos anima a afrontar nuestras responsabilidades con el mismo nivel de compromiso y desinterés.

Otra lección importante de la vida de Leví es el valor de la integridad en el servicio a Dios. Leví demostró un fuerte sentido de justicia y rectitud, asegurándose de que sus acciones estuvieran alineadas con los principios de Dios. Ya sea enseñando a otros, realizando rituales o resolviendo conflictos, Levi actuó con honestidad y justicia, sabiendo que sus acciones eran un reflejo de su fe. Este aspecto de su carácter nos enseña que el servicio fiel requiere que vivamos de acuerdo con las normas de Dios, incluso cuando enfrentamos desafíos o tentaciones. La integridad en nuestras acciones no sólo honra a Dios sino que también genera confianza y respeto dentro de nuestras comunidades.

La fidelidad de Leví también fue evidente en su perseverancia. Servir a Dios no siempre es fácil y Leví enfrentó numerosos desafíos en su papel como sacerdote. Tuvo que navegar por las complejidades de las relaciones humanas, abordar las necesidades de su comunidad y mantenerse fiel a su llamado en medio de presiones externas. Sin embargo, Leví se mantuvo firme y confió en la guía y la fuerza de Dios para llevar a cabo sus deberes. Su perseverancia nos enseña la importancia de permanecer comprometidos con nuestra fe, incluso en tiempos difíciles, y confiar en Dios para que nos sostenga en los desafíos.

Otro poderoso ejemplo del fiel servicio de Leví es su dedicación a la pureza y la santidad. Reconoció que servir a Dios requería un corazón limpio y una mente enfocada. Leví constantemente buscó purificarse a sí mismo y a su comunidad, asegurándose de que su adoración y sus acciones agradaran a Dios. Su énfasis en la pureza nos recuerda que el servicio fiel implica esforzarnos continuamente por mejorarnos y alinear nuestras vidas con la voluntad de Dios. Este proceso requiere autorreflexión, arrepentimiento y voluntad de cambiar, cualidades que Levi demostró a lo largo de su vida.

La fidelidad de Levi también se extendió a su papel como maestro y mentor. Estaba profundamente comprometido a ayudar a otros a comprender y seguir las leyes de Dios, sabiendo que su guía podría ayudarlos a vivir una vida más recta. Su enfoque de la enseñanza no se trataba sólo de impartir conocimientos sino de inspirar a otros a desarrollar su propia relación con Dios. El ejemplo de Levi nos enseña que el servicio fiel a menudo implica invertir en los demás, compartir nuestros conocimientos y experiencias para ayudarlos a crecer espiritualmente. Este aspecto de su vida nos anima a considerar cómo podemos orientar y apoyar a otros en sus caminos de fe.

Una de las lecciones más inspiradoras de la vida de Levi es su profunda confianza en Dios. A lo largo de su viaje, Leví confió en la sabiduría y la fuerza de Dios para guiar sus decisiones y acciones. Entendió que el servicio fiel no se trataba de sus propias habilidades sino de ser un instrumento para la obra de Dios. Esta confianza le permitió a Leví permanecer enfocado en su misión, sabiendo que Dios le proporcionaría los recursos y el apoyo que necesitaba. Su ejemplo nos enseña a depositar nuestra confianza en Dios, reconociendo que nuestros esfuerzos en el servicio son fortalecidos y bendecidos por Su poder.

El legado de Leví como fiel siervo de Dios continúa inspirando a los creyentes de hoy. Su vida nos muestra que servir a Dios no se trata de buscar la perfección sino de comprometernos con un camino de crecimiento, integridad y devoción. La dedicación de Leví nos recuerda que incluso en nuestras imperfecciones, podemos ofrecer un servicio significativo a Dios alineando nuestras acciones con Su voluntad y esforzándonos por vivir de una manera que refleje Su amor y justicia.

Para los lectores modernos, la historia de Levi sirve como un poderoso recordatorio de la importancia del servicio fiel en nuestras propias vidas. Ya sea que estemos liderando a otros, enseñando o simplemente viviendo como ejemplos del amor de Dios, estamos llamados a abordar nuestros roles con el mismo nivel de dedicación y humildad que demostró Leví. Su vida nos desafía a reflexionar sobre cómo podemos servir mejor a Dios en nuestra vida diaria, ya sea a través de nuestras relaciones, trabajo o crecimiento personal.

La vida de Leví nos brinda lecciones eternas sobre lo que significa servir fielmente a Dios. Su dedicación, integridad, perseverancia y confianza en Dios ejemplifican las cualidades de un verdadero siervo. Al estudiar su vida y aplicar estos principios, podemos encontrar inspiración para profundizar nuestro propio compromiso con Dios y vivir de una manera que lo honre. La historia de Leví nos anima a aceptar nuestros roles únicos en el plan de Dios y a servir con alegría, humildad y fe inquebrantable.

CAPÍTULO 5

Judá: la fuerza del coraje y el arrepentimiento

El liderazgo de Judá en medio de las luchas familiares

La vida de Judá es un ejemplo convincente de cómo puede surgir el liderazgo frente a un conflicto familiar y cómo las acciones tomadas durante esos momentos pueden enseñarnos a enfrentar los desafíos con fuerza y sabiduría. Su historia ilustra las complejidades de las relaciones humanas, el peso de la responsabilidad y el coraje que se necesita para guiar a otros en tiempos difíciles.

Judá no era el mayor de los hijos de Jacob, pero mostró cualidades que lo convirtieron en un líder natural dentro de su familia. Su liderazgo no se basó en la autoridad o la posición sino en su capacidad para tomar iniciativa y responsabilidad cuando más importaba. Esto es evidente en la historia de José, cuando los hermanos conspiraron para hacerle daño. Judá dio un paso adelante con una solución pragmática, convenciendo a sus hermanos de vender a José en lugar de matarlo. Aunque esta decisión estuvo lejos de ser perfecta, marcó a Judá como alguien dispuesto a asumir un papel de liderazgo y tomar decisiones durante situaciones tensas y caóticas.

Las luchas familiares a menudo sacan a relucir lo mejor o lo peor de las personas, y el viaje de Judá demuestra ambos aspectos. Inicialmente, sus acciones reflejaron una mezcla de autoconservación y practicidad. Sin embargo, a medida que pasó el tiempo, las experiencias de Judá comenzaron a moldear su carácter y estilo de liderazgo. Un momento crucial de su historia ocurre años después, durante la hambruna, cuando la familia se ve obligada a buscar comida en Egipto. Cuando José, ahora un poderoso funcionario egipcio, exige que lleven a Benjamín ante él, es Judá quien se ofrece como garantía de la seguridad de Benjamín. Este acto de valentía y abnegación marca un punto de inflexión en el liderazgo de Judá, mostrando su crecimiento y voluntad de soportar la carga por su familia.

El modo en que Judá manejó los desafíos nos enseña la importancia de dar un paso adelante incluso cuando las circunstancias son difíciles o poco claras. El liderazgo no siempre se trata de tener todas las respuestas; a menudo se trata de estar dispuesto a actuar y asumir responsabilidad cuando otros dudan. La voluntad de Judah de defender a su familia, incluso asumiendo un gran riesgo personal, resalta la importancia del coraje y el altruismo en el liderazgo.

Otra lección clave del liderazgo de Judá es el valor de reconocer los propios errores y aprender de ellos. Al principio de su vida, las decisiones de Judá contribuyeron al sufrimiento de su familia, particularmente en el caso de José. Sin embargo, en lugar de quedarse atrapado en la culpa o la negación, Judá permitió que sus experiencias lo refinaran. Cuando estuvo ante José en Egipto, Judá se había convertido en un hombre capaz de liderar con integridad y humildad. Esta transformación muestra que el liderazgo eficaz a menudo implica crecimiento a través de la autorreflexión y la voluntad de cambiar.

La historia de Judá también enfatiza el papel de la empatía en el liderazgo. Cuando le suplicó a José que liberara a Benjamín, Judá demostró una profunda comprensión de la angustia de su padre y del impacto devastador que tendría en él perder a Benjamín. Su sincero llamamiento reflejaba a un líder que no sólo estaba centrado en resultados prácticos sino también en sintonía con el bienestar emocional de aquellos de quienes era responsable. Esta capacidad de conectarse con otros a nivel humano es un aspecto crucial del liderazgo eficaz y Judá lo ejemplificó.

Además del coraje y la empatía, las acciones de Judah resaltan la importancia de la promoción. A menudo se pide a los líderes que defiendan a quienes son vulnerables o incapaces de hablar por sí mismos. Al ofrecerse como sustituto de Benjamín, Judá mostró un profundo sentido de responsabilidad y defensa, priorizando las necesidades de su familia sobre las suyas propias. Este acto sirve como recordatorio de que el verdadero liderazgo no se trata de buscar beneficio personal sino de servir y proteger a los demás.

El liderazgo de Judá en medio de las luchas familiares también nos enseña la importancia de la resiliencia. Navegar por los conflictos familiares puede ser emocionalmente agotador y complejo, pero Judah persistió en sus esfuerzos por lograr resolución y unidad. Su determinación de garantizar la supervivencia de su familia, incluso frente a la incertidumbre, refleja la resiliencia necesaria para liderar en tiempos difíciles. Esta perseverancia nos inspira a permanecer firmes en nuestros propios desafíos, confiando en que nuestros esfuerzos pueden conducir a resultados positivos.

Además, el viaje de Judá subraya la importancia de ganarse la confianza mediante acciones. El liderazgo no se trata sólo de palabras; requiere un comportamiento consistente que demuestre confiabilidad y compromiso. La disposición de Judá a sacrificarse por Benjamín le valió el respeto y la confianza tanto de su familia como de José. Esto nos enseña que la confianza se construye con el tiempo a través de acciones consistentes que se alinean con nuestros valores y responsabilidades.

La historia de Judá también proporciona información sobre cómo manejar los conflictos con una perspectiva a largo plazo. En el fragor de las disputas familiares, puede resultar tentador centrarse en soluciones inmediatas sin considerar el impacto más amplio de nuestras acciones. La capacidad de Judá para navegar estos conflictos con miras a la reconciliación y la preservación de su familia muestra la importancia de pensar más allá del momento presente. Su ejemplo nos anima a abordar los conflictos con paciencia, sabiduría y centrándonos en la construcción de una paz duradera.

La vida de Judá nos enseña que el liderazgo no es una cualidad estática sino un proceso dinámico de crecimiento y adaptación. Su viaje de un hombre que contribuyó al sufrimiento de José a un líder dispuesto a dar su vida por su familia demuestra el poder transformador del crecimiento personal. La historia de Judá nos recuerda que el liderazgo no se trata de ser perfecto sino de esforzarnos por ser mejores y utilizar nuestras experiencias para guiar y apoyar a los demás.

El liderazgo de Judá en medio de las luchas familiares ofrece lecciones valiosas para afrontar los desafíos con valentía, empatía y resiliencia. Su viaje nos enseña que el verdadero liderazgo tiene sus raíces en la responsabilidad, el altruismo y el compromiso con el bienestar de los demás. Al aprender del ejemplo de Judá, podemos cultivar las cualidades necesarias para afrontar conflictos, inspirar confianza y liderar con integridad en nuestras propias vidas.

El poder transformador del verdadero arrepentimiento

La vida de Judá es un poderoso ejemplo de cómo el verdadero arrepentimiento puede transformar a una persona y sanar las relaciones rotas. Su viaje muestra que el arrepentimiento no se trata sólo de sentir arrepentimiento, sino que implica un compromiso sincero con el cambio. Esta transformación no sólo restaura al individuo sino que también puede reparar los vínculos familiares e inspirar a otros a buscar la reconciliación.

La historia de Judá comienza con acciones que causaron daño a su familia, en particular su papel en la venta de su hermano José. Impulsado por los celos y la falta de juicio, Judá sugirió vender a José a comerciantes, lo que desencadenó una cadena de acontecimientos que afectaron profundamente a su familia. Con el tiempo, Judá se enfrentó a las consecuencias de sus decisiones, incluido el dolor que le había causado a su padre Jacob y la división entre sus hermanos. Esta conciencia marcó el inicio de su camino hacia el arrepentimiento.

El verdadero arrepentimiento comienza con el reconocimiento de los propios errores. Judá no trató de ocultar ni justificar sus acciones cuando se enfrentó a la realidad de lo que había hecho. En cambio, demostró humildad al aceptar la responsabilidad. Esta honestidad es un paso crucial en el arrepentimiento, ya que abre la puerta a la sanación y la restauración. La voluntad de Judá de afrontar sus fracasos sin echar la culpa muestra la importancia de la rendición de cuentas al buscar el perdón.

El arrepentimiento también implica un cambio de corazón y de conducta, y la transformación de Judá fue evidente en sus acciones. Años después de vender a José, Judá se encontró en otra situación difícil cuando la familia enfrentó una grave hambruna. Durante su viaje a Egipto para conseguir alimentos, los hermanos fueron puestos a prueba por José, que ahora era un funcionario de alto rango pero aún no reconocido por ellos. José exigió que llevaran a su hermano menor, Benjamín, a Egipto, lo que creó un dilema para los hermanos. La respuesta de Judá ante esta situación reveló cuánto había crecido. Se ofreció a sí mismo como sustituto de Benjamín, asumiendo voluntariamente la carga de proteger a su hermano y evitarle a su padre dolor adicional.

Este momento marcó un punto de inflexión para Judá. Su disposición a sacrificarse por el bienestar de su familia demostró que su arrepentimiento era genuino. Demostró que había ido más allá del mero arrepentimiento por sus acciones pasadas y había desarrollado un profundo sentido de responsabilidad y amor por su familia. Este acto desinteresado reflejó su carácter renovado y su compromiso de hacer lo correcto, incluso a un gran costo personal.

La transformación de Judá tuvo un profundo impacto en su familia. Sus acciones allanaron el camino para la reconciliación con José, quien finalmente reveló su identidad y perdonó a sus hermanos. Esta reunión trajo sanación a una familia que había sido fracturada por los celos, la traición y el dolor. El arrepentimiento y el cambio de opinión de Judá fueron fundamentales para restaurar la confianza y la unidad entre sus hermanos. Su historia enseña que el verdadero arrepentimiento puede conducir a la reconciliación, incluso en relaciones que han sido gravemente dañadas.

Para los creyentes modernos, el viaje de Judá ofrece valiosas lecciones sobre el poder transformador del arrepentimiento. Nos recuerda que no importa cuán graves puedan ser nuestros errores, siempre hay una oportunidad de redención si estamos dispuestos a asumir la responsabilidad y buscar el perdón. El ejemplo de Judá muestra que el arrepentimiento no es un proceso pasivo; requiere esfuerzos activos para enmendar y demostrar un deseo genuino de cambiar.

La historia de Judá también enfatiza la importancia de la humildad en el proceso de arrepentimiento. Admitir nuestras malas acciones puede resultar difícil, ya que requiere dejar de lado el orgullo y reconocer nuestros defectos. Sin embargo, la humildad es esencial para un arrepentimiento genuino, ya que nos permite acercarnos a los demás con sinceridad y buscar su perdón. La humildad de Judá al aceptar sus errores del pasado y su determinación de proteger a su familia resaltan el papel de la humildad en el fomento de la reconciliación.

Otra lección del arrepentimiento de Judá es el impacto que puede tener en los demás. Su transformación inspiró a sus hermanos y preparó el escenario para la restauración de su familia. Cuando una persona da el primer paso hacia el arrepentimiento y la curación, puede animar a otros a hacer lo mismo. La historia de Judá nos recuerda que nuestras acciones tienen el poder de influir en quienes nos rodean y crear un efecto dominó de cambio positivo.

El arrepentimiento también implica comprometerse a vivir de manera diferente en el futuro. Las acciones de Judá demostraron que había aprendido de sus errores pasados y estaba decidido a no repetirlos. Su disposición a sacrificarse por Benjamín demostró que había desarrollado un sentido de compasión y responsabilidad del que antes carecía. Este compromiso de cambio es una parte vital del arrepentimiento, ya que demuestra la sinceridad de nuestras intenciones y ayuda a reconstruir la confianza con los demás.

El viaje de Judá enseña que el arrepentimiento no es un evento único sino un proceso continuo. Implica esforzarse continuamente por vivir de una manera que se alinee con nuestros valores y aprender de nuestras experiencias. La vida de Judá muestra que incluso después de fracasos importantes, es posible crecer y convertirse en una persona íntegra y compasiva. Su historia inspira a los creyentes modernos a ver el arrepentimiento como una oportunidad de transformación y no como una fuente de vergüenza.

Otra lección importante de la historia de Judá es el papel del perdón en el proceso del arrepentimiento. Si bien Judá asumió la responsabilidad de sus acciones y buscó enmendar sus acciones, la restauración de sus relaciones familiares también dependió de la voluntad de José de perdonar. Esto nos enseña que el arrepentimiento y el perdón van de la mano. Así como las acciones de Judá allanaron el camino para la reconciliación, el perdón de José completó el proceso y trajo sanidad a su familia.

La vida de Judá demuestra que el arrepentimiento tiene el poder no sólo de restaurar las relaciones individuales sino también de generar una reconciliación y unidad más amplias. Su historia anima a los creyentes modernos a abordar el arrepentimiento como un camino hacia la renovación y la sanación, tanto para ellos mismos como para sus relaciones con los demás. Nos recuerda que a través del arrepentimiento podemos superar los errores del pasado y trabajar hacia un futuro definido por el amor, la responsabilidad y la integridad.

El arrepentimiento de Judá produjo crecimiento personal y restauración familiar, ofreciendo lecciones eternas para los creyentes modernos. Su viaje destaca la importancia de reconocer nuestros errores, asumir la responsabilidad y comprometernos con el cambio. La historia de Judá muestra que el verdadero arrepentimiento puede transformar vidas, reparar relaciones rotas e inspirar a otros a buscar la reconciliación. Nos enseña que no importa cuán difíciles puedan ser nuestras circunstancias, siempre hay esperanza de redención y sanación a través del poder del arrepentimiento.

Vivir con integridad y coraje

La vida de Judá es un ejemplo notable de cómo la integridad y el coraje pueden ayudar a una persona a superar incluso las situaciones más difíciles. Su viaje estuvo lleno de momentos de fracaso y triunfo, pero fue su capacidad para superar la adversidad lo que lo distingue como modelo de carácter y fortaleza. A través de su historia podemos aprender valiosas lecciones sobre la importancia de vivir con honestidad, responsabilidad y valentía.

Integridad significa hacer lo correcto, incluso cuando sea difícil o inconveniente. La vida de Judá no estuvo exenta de defectos, pero sus acciones posteriores demostraron un compromiso de enmendar sus errores pasados. Por ejemplo, cuando la hambruna azotó a su familia, Judá dio un paso adelante para asegurar su supervivencia asumiendo un papel de liderazgo. No rehuyó la responsabilidad de asegurar alimentos para su familia, aunque eso significara enfrentar incertidumbre y peligro. Este compromiso con el bienestar de su familia ilustra cómo la integridad implica anteponer las necesidades de los demás a la propia comodidad o miedo.

El coraje es la fuerza para actuar ante el miedo o la dificultad. Judá mostró valentía cuando se ofreció como sustituto de su hermano Benjamín durante su encuentro con José en Egipto. En ese momento, Judá demostró no sólo valentía sino también un profundo sentido de responsabilidad y amor por su familia. Al ofrecerse voluntariamente para soportar él mismo las consecuencias, Judá ejemplificó la valentía de proteger a los vulnerables y asumir la responsabilidad de sus acciones. Su disposición a enfrentar un posible castigo demostró que el verdadero coraje a menudo implica altruismo.

Vivir con integridad también significa aprender de los errores del pasado y esforzarse por hacerlo mejor. Las acciones anteriores de Judá, como su papel en la venta de José, causaron un daño significativo a su familia. Sin embargo, en lugar de permanecer en un ciclo de culpa y reproches, Judá decidió enfrentar sus fracasos. Asumió la responsabilidad de sus acciones y buscó enmendar las cosas mostrando cuidado y liderazgo en situaciones posteriores. Esta transformación resalta que la integridad no se trata de ser perfecto sino de reconocer dónde fallamos y tomar medidas para mejorar.

Uno de los aspectos más poderosos de la historia de Judá es cómo su integridad y valentía ayudaron a lograr la reconciliación dentro de su familia. Sus acciones inspiraron confianza y allanaron el camino para que José revelara su identidad y perdonara a sus hermanos. Esta reunión no habría sido posible sin la voluntad de Judá de actuar con honestidad y valentía. Su historia nos enseña que vivir con integridad puede tener un efecto dominó, influyendo positivamente en quienes nos rodean y fomentando la unidad y la curación.

Otra lección importante de la vida de Judá es que la valentía a menudo implica hablar y mantenerse firme, incluso cuando resulta incómodo. Cuando sus hermanos dudaron en explicarle su situación a José, Judá tomó la iniciativa. Suplicó en nombre de su familia con sincera honestidad, demostrando que el coraje no se trata de fuerza física sino de usar palabras y acciones para defender lo que es correcto. Su ejemplo nos recuerda que la valentía puede adoptar muchas formas, desde enfrentar nuestros miedos hasta defender a los demás.

La historia de Judá también muestra cómo la integridad requiere coherencia. No basta con tomar una buena decisión; La integridad implica un patrón de comportamiento que refleja nuestros valores. Judá demostró esta coherencia en sus acciones posteriores, ya que continuó mostrando liderazgo y responsabilidad incluso después de que José se reveló. Al mantener su compromiso con el bienestar de su familia, Judah demostró que la integridad es una forma de vida, no un simple momento de hacer lo correcto.

Los desafíos y la adversidad a menudo ponen a prueba nuestro carácter, y el viaje de Judá ilustra cómo la integridad y el coraje pueden ayudarnos a superar estas dificultades. Su vida estuvo llena de pruebas, incluidos conflictos familiares, hambrunas y las consecuencias de errores del pasado. Sin embargo, a través de cada desafío, Judah encontró la fuerza para superar sus circunstancias y tomar decisiones que se alinearan con sus valores. Esta resiliencia nos enseña que la adversidad puede ser una oportunidad para crecer y demostrar nuestro verdadero carácter.

La integridad también implica ser sincero, no sólo con los demás sino también con nosotros mismos. La disposición de Judá a admitir su papel en los problemas de la familia demostró que era honesto acerca de sus defectos. Esta honestidad le permitió asumir responsabilidades y trabajar para hacer las cosas bien. Su ejemplo nos recuerda que reconocer la verdad, incluso cuando sea dolorosa, es una parte esencial de vivir con integridad.

La valentía de Judá no consistió sólo en momentos dramáticos de sacrificio, sino también en la fuerza silenciosa para persistir en hacer el bien. Su liderazgo durante la hambruna requirió determinación y fe, mientras atravesaba circunstancias inciertas para asegurar la supervivencia de su familia. Este aspecto de su historia destaca que el coraje a menudo implica perseverancia y la voluntad de afrontar los desafíos con un espíritu firme y esperanzado.

Otra lección de la vida de Judá es la importancia de la integridad para generar confianza. Sus hermanos y su padre llegaron a confiar en su liderazgo debido a sus acciones consistentes y comunicación honesta. La confianza es un componente clave de las relaciones sólidas, y la historia de Judá muestra que se gana a través de la integridad. Al ser confiable y veraz, Judá ayudó a restaurar la unidad de su familia y creó una base para una paz duradera.

El viaje de Judá nos enseña que vivir con integridad y valentía no siempre es fácil, pero siempre vale la pena. Su transformación de un individuo imperfecto a un líder confiable demuestra que, sin importar nuestros errores pasados, podemos elegir vivir con honestidad y valentía. Su historia nos alienta a enfrentar nuestros desafíos con fe y determinación, sabiendo que nuestras acciones pueden marcar una diferencia para nosotros y quienes nos rodean.

En el mundo actual, podemos aplicar las lecciones de Judá esforzándonos por actuar con integridad en nuestra vida diaria. Ya sea cumpliendo nuestras promesas, defendiendo lo que es correcto o admitiendo cuando nos equivocamos, vivir con integridad construye relaciones sólidas y un sentido de propósito. De manera similar, podemos demostrar valentía enfrentando nuestros miedos, asumiendo la responsabilidad de nuestras acciones y apoyando a otros en momentos de necesidad. La vida de Judá nos recuerda que incluso en circunstancias difíciles, tenemos el poder de elegir la integridad y la valentía como principios rectores.

La historia de Judá también nos inspira a ser líderes a nuestra manera. El liderazgo no se trata de tener un título o autoridad, sino de utilizar nuestra influencia para lograr un cambio positivo. Las acciones de Judá como líder familiar muestran que el verdadero liderazgo implica servir a los demás, hacer sacrificios y dar ejemplo mediante nuestro comportamiento. Al adoptar estas cualidades, podemos lograr un impacto significativo en nuestras comunidades y más allá.

La vida de Judá demuestra el valor de la integridad y el coraje para superar la adversidad. Su viaje nos enseña que incluso frente a los desafíos y errores del pasado, podemos elegir vivir con honestidad, responsabilidad y valentía. La historia de Judá nos inspira a generar confianza, fomentar la reconciliación y perseverar con fe y determinación. A través de su ejemplo, aprendemos que vivir con integridad y valentía no se trata sólo de lo que logramos sino de quiénes llegamos a ser y cómo influyemos positivamente en las vidas de los demás.

CAPÍTULO 6

Isacar: sabiduría en la sencillez y el trabajo duro

Valorar la simplicidad en un mundo complejo

La vida de Isacar ofrece un ejemplo convincente de cómo la simplicidad puede traer paz, incluso en un mundo que a menudo parece estar lleno de distracciones y complejidades. Era conocido por su sabiduría y capacidad para comprender los tiempos, pero quizás uno de los aspectos más significativos de su vida fue su enfoque en la sencillez. En un mundo donde la gente se esfuerza constantemente por conseguir más (más riqueza, más éxito, más reconocimiento), la vida de Isacar nos recuerda que la verdadera paz a menudo se puede encontrar abrazando la simplicidad.

Vivir con sencillez no significa abandonarlo todo ni evitar los desafíos. Significa centrarse en lo que realmente importa y eliminar el desorden innecesario que puede agobiarnos. Isacar, a pesar de las muchas exigencias de su época, eligió una vida basada en lo básico: sabiduría, trabajo duro y una profunda conexión con las necesidades de su comunidad. Esta simplicidad le permitió concentrarse en lo importante, tomando decisiones reflexivas que beneficiaron no sólo a él sino también a su gente.

En el mundo actual, donde la gente suele verse abrumada por la tecnología, las redes sociales y el constante ajetreo, el ejemplo de Issachar ofrece una perspectiva refrescante. En lugar de dejarnos consumir por presiones externas o tratar de mantenernos al día con las expectativas de los demás, Isacar nos enseña que la paz proviene de vivir con un sentido de propósito y priorizar las cosas correctas. Al simplificar nuestras vidas, podemos crear un espacio para la claridad, la sabiduría y las relaciones significativas.

Una vida sencilla también se puede ver en la forma en que Isacar abordaba el trabajo. No era alguien que buscara lujo o indulgencia, sino que era conocido por su trabajo diligente y decidido. Trabajó con sus manos y contribuyó al bienestar de su pueblo. Su enfoque en el trabajo duro, en lugar de la búsqueda de placeres fugaces, es una lección valiosa para nosotros hoy. Muchas personas hoy en día luchan contra una sensación de insatisfacción, a menudo porque persiguen cosas que no les brindan una satisfacción duradera. El ejemplo de Isacar nos recuerda que la verdadera satisfacción se puede encontrar en el trabajo duro y en hacer lo que estamos llamados a hacer, sin necesidad de riqueza material excesiva.

La sencillez de la vida de Isacar también le brindó la oportunidad de desarrollar sabiduría. Su capacidad para discernir los tiempos y comprender las necesidades de su pueblo no surgió de la complejidad sino de su claro enfoque en las verdades esenciales de la vida. No se atascó en detalles o distracciones innecesarias, lo que le permitió obtener información sobre el mundo que lo rodeaba. En nuestro mundo moderno, puede resultar fácil sentirse abrumado por la información. La gran cantidad de conocimiento disponible hoy en día puede hacer que a veces sea más difícil saber qué creer o dónde concentrar nuestra energía. El ejemplo de Isacar muestra que al simplificar nuestros pensamientos y priorizar lo que es verdaderamente importante, podemos obtener sabiduría y comprensión que pueden guiarnos en nuestras vidas.

Además de esto, la vida de Isacar resalta la importancia del equilibrio. Si bien era conocido por su sabiduría, también conocía el valor del trabajo y el descanso. La simplicidad no significa actividad o esfuerzo constante; también incluye la capacidad de tomarse tiempo para la reflexión, el descanso y la renovación. En el mundo actual, donde el agotamiento es una experiencia común para muchas personas, la vida de Issachar nos enseña el valor de controlar nuestro ritmo y cuidar nuestro bienestar mental, físico y emocional. Encontrar la paz en un mundo complejo no se trata sólo de eliminar las distracciones, sino también de fomentar una vida sana y equilibrada.

El enfoque de la vida de Isacar también nos anima a buscar y apreciar la belleza de las cosas simples. En un mundo lleno de ruido y estimulación constante, puede resultar fácil pasar por alto las pequeñas alegrías que la vida tiene para ofrecer. Isacar encontraba satisfacción en los actos sencillos de la vida diaria, como trabajar diligentemente y cuidar de su familia. Hoy en día, muchos de nosotros podemos pasar por alto estas alegrías simples en busca de metas o sueños más grandes. Sin embargo, así como Isacar encontró la paz en la sencillez, nosotros también podemos encontrarla cuando nos tomamos el tiempo para apreciar las pequeñas cosas que nos traen alegría.

La simplicidad también conduce a una mayor satisfacción. Cuando la vida de las personas está llena de distracciones, es fácil sentirse insatisfecho. Es posible que constantemente sintamos que necesitamos más o que nos estamos perdiendo algo importante. Sin embargo, cuando elegimos un camino más sencillo, podemos aprender a apreciar lo que ya tenemos. La vida de Isacar muestra que la paz no proviene de acumular riqueza o estatus, sino de estar satisfecho con lo que es verdaderamente valioso. Al centrarnos en lo que es significativo y dejar de lado la necesidad de consumo constante, podemos encontrar una satisfacción duradera.

Vivir con sencillez también puede ayudar a fomentar mejores relaciones. En un mundo que a menudo promueve el individualismo y la competencia, la vida de Isacar se centró en servir a los demás y vivir en armonía con su comunidad. Su sabiduría no fue sólo para beneficio personal, sino para ayudar a otros y construir una sociedad más fuerte. La simplicidad nos permite centrarnos en lo que realmente importa en las relaciones: amarse, respetarse y cuidarse unos a otros. Es fácil quedar atrapado en el ajetreo de la vida y olvidar la importancia de las conexiones genuinas. El ejemplo de Isacar muestra que viviendo con sencillez podemos fortalecer nuestras relaciones e invertir más en aquellos que nos importan.

Además, la vida de Isacar demuestra el poder de la concentración. Cuando simplificamos nuestras vidas, podemos concentrarnos en las cosas que realmente importan. Por el contrario, cuando estamos distraídos por demasiados compromisos u obligaciones, puede resultar difícil prestar toda nuestra atención a las tareas que tenemos entre manos. Al priorizar las cosas que se alinean con nuestros valores y propósito, podemos trabajar de manera más efectiva y estar más presentes en todo lo que hacemos. La capacidad de Isacar para discernir las necesidades de su pueblo y trabajar diligentemente para satisfacer esas necesidades muestra el poder del enfoque y la simplicidad para lograr metas significativas.

En un mundo que a menudo parece caótico y abrumador, la vida de Isacar ofrece un poderoso ejemplo de cómo encontrar la paz a través de la simplicidad. Al elegir centrarnos en lo que es importante, al priorizar el trabajo duro y la sabiduría y al encontrar satisfacción en las cosas simples, podemos navegar las complejidades de la vida con mayor claridad y paz. La vida de Isacar nos enseña que la paz no proviene de circunstancias externas sino de una elección interna de vivir con propósito, equilibrio y sencillez. Cuando adoptamos esta forma de vida, nosotros también podemos encontrar paz en un mundo que a menudo parece estar lleno de ruido y distracciones.

La importancia de la diligencia y la perseverancia

La vida de Isacar ofrece valiosas lecciones sobre la importancia del trabajo duro y la perseverancia, cualidades esenciales para alcanzar el éxito y superar los desafíos. Isacar era conocido por su sabiduría y su capacidad para comprender los tiempos, pero su historia también destaca cómo estos rasgos se combinaban con una sólida ética de trabajo y la capacidad de seguir adelante, incluso en circunstancias difíciles.

La diligencia, o el trabajo constante y cuidadoso, es crucial para progresar en cualquier área de la vida. La vida de Isacar nos enseña que el éxito no llega rápida ni fácilmente. Más bien, es el resultado de un esfuerzo y una dedicación constantes. En su época, Issachar trabajó duro junto a su familia y su comunidad, concentrándose en las tareas que tenía entre manos y haciéndolas bien. Su capacidad para perseverar a través de los desafíos y continuar trabajando para lograr sus objetivos es un ejemplo del que todos podemos aprender hoy. Cuando enfrentamos dificultades, puede resultar tentador rendirnos o buscar atajos. Pero la vida de Issachar muestra que el verdadero éxito proviene de apegarse a la tarea, incluso cuando las cosas se ponen difíciles.

Una de las lecciones más importantes que enseña la vida de Isacar es el valor de la perseverancia. La perseverancia es la capacidad de seguir adelante incluso cuando encontramos contratiempos u obstáculos. La vida no siempre es tranquila y todo el mundo enfrenta dificultades en algún momento. El viaje de Isacar no siempre fue fácil, pero no dejó que los desafíos lo detuvieran. En cambio, permaneció concentrado en su trabajo, confiando en que sus esfuerzos darían frutos con el tiempo. Esta determinación es una cualidad clave que todos podemos aplicar en nuestras propias vidas. Ya sea que estemos aprendiendo algo nuevo, trabajando para lograr una meta o enfrentando situaciones difíciles, la perseverancia nos ayuda a seguir avanzando incluso cuando las cosas parecen difíciles.

La historia de Isacar también enfatiza la importancia de trabajar hacia una visión a largo plazo. En el mundo acelerado de hoy, a menudo queremos resultados instantáneos. Pero el verdadero valor del trabajo duro proviene de sus recompensas a largo plazo. Issachar no esperaba soluciones rápidas; entendió que el éxito duradero requiere paciencia y esfuerzo constante. Trabajó día tras día, concentrándose en lo que había que hacer y confiando en que, con el tiempo, sus esfuerzos conducirían a resultados significativos. Esta mentalidad nos ayuda a darnos cuenta de que no todo en la vida debe lograrse de inmediato. El éxito suele llevar tiempo y debemos estar dispuestos a seguir adelante, incluso cuando no veamos recompensas inmediatas.

Otra lección importante de la vida de Isacar es la idea de trabajar con un propósito. Es fácil distraerse con cosas que no importan o desanimarse cuando el trabajo parece interminable. Pero la diligencia de Isacar surgió de un claro sentido de propósito. Sabía lo que había que hacer y trabajó para lograrlo con concentración y determinación. Cuando tenemos una meta o un propósito claro en mente, resulta más fácil mantenernos comprometidos con nuestro trabajo. Ya sea que estemos estudiando, desarrollando una habilidad o trabajando en un proyecto, tener un propósito nos da la motivación que necesitamos para seguir adelante, incluso cuando el trabajo es difícil o aburrido.

Isacar también demostró que la diligencia y la perseverancia no consisten sólo en trabajar duro sino también en trabajar sabiamente. No basta simplemente con esforzarse; También debemos ser reflexivos y estratégicos en nuestro enfoque. La sabiduría de Isacar para comprender los tiempos muestra que el trabajo duro es más eficaz cuando está guiado por el conocimiento y una planificación cuidadosa. Cuando trabajamos duro sin pensar, podemos cometer errores o perder el tiempo. Pero cuando combinamos diligencia con sabiduría, es más probable que obtengamos mejores resultados. La vida de Isacar nos enseña que no sólo debemos esforzarnos sino también tomarnos tiempo para planificar, aprender y mejorar a medida que avanzamos.

Además de sus esfuerzos individuales, la vida de Issachar resalta el valor de trabajar junto con otros. Era parte de una comunidad y su trabajo ayudó a beneficiar a todos los que lo rodeaban. Esto nos enseña que la diligencia no se trata sólo del éxito personal; también se trata de contribuir al bien común. Cuando trabajamos juntos con otros y nos apoyamos unos a otros, nuestros esfuerzos colectivos pueden conducir a logros aún mayores. En el mundo actual, es fácil centrarse sólo en objetivos personales, pero el ejemplo de Isacar nos recuerda que somos parte de una comunidad más grande y que nuestro arduo trabajo puede ayudar a hacer del mundo un lugar mejor.

La perseverancia también requiere resiliencia, que es la capacidad de recuperarse de los desafíos y seguir avanzando. La historia de Isacar nos enseña que los reveses son una parte normal de la vida, pero lo que más importa es cómo respondemos ante ellos. Es fácil desanimarse cuando las cosas no salen según lo planeado, pero la resiliencia nos ayuda a seguir adelante. Isacar mostró resiliencia al continuar su trabajo incluso cuando enfrentó obstáculos. No se rindió ni dejó que los fracasos lo detuvieran; en cambio, aprendió de ellos y siguió trabajando para alcanzar sus objetivos.

En el mundo actual que cambia rápidamente, la perseverancia y el trabajo duro son más importantes que nunca. Mucha gente quiere resultados rápidos o éxito instantáneo, pero esta mentalidad puede generar frustración y decepción. La vida de Isacar nos muestra que el éxito duradero proviene de esforzarse día a día, mantenerse concentrado y nunca darse por vencido. Ya sea que estemos enfrentando desafíos en la escuela, los deportes o cualquier otra área de la vida, la perseverancia es la clave para superarlos. Al aprender del ejemplo de Isacar, podemos desarrollar la paciencia y la determinación necesarias para lograr nuestras metas, sin importar cuán difícil parezca el viaje.

La vida de Isacar nos recuerda que la diligencia y la perseverancia no se tratan sólo de lograr el éxito externo, sino también de crecer como individuos. El trabajo duro nos ayuda a desarrollar el carácter, aprender nuevas habilidades y ser más fuertes frente a la adversidad. Las lecciones que aprendemos mediante la perseverancia suelen ser más valiosas que los logros mismos. El ejemplo de Isacar nos enseña que el proceso de trabajar duro y perseverar es tan importante como el resultado final. Al adoptar estas cualidades, podemos crecer no sólo en nuestras habilidades sino también en nuestra sabiduría y comprensión.

La vida de Isacar ofrece lecciones poderosas sobre la importancia del trabajo duro, la perseverancia y el valor de permanecer enfocados en nuestras metas. Su ejemplo nos muestra que el éxito requiere tiempo y esfuerzo y que el viaje es tan importante como el destino. Siguiendo su ejemplo y adoptando la diligencia y la perseverancia, podemos superar desafíos, crecer como individuos y alcanzar nuestras metas. Ya sea que estemos enfrentando obstáculos o simplemente trabajando por algo que nos importa, la historia de Isacar nos recuerda que el trabajo duro y la perseverancia conducirán al éxito duradero.

Encontrar alegría en el servicio humilde

La vida de Isacar demuestra el gozo y la satisfacción que pueden surgir del servicio humilde y fiel. Si bien muchas personas pueden buscar reconocimiento o fama por sus esfuerzos, Isacar encontró paz y satisfacción simplemente haciendo su trabajo con un corazón lleno de dedicación, servicio y amor por los demás. Este ejemplo nos enseña que la verdadera alegría muchas veces proviene de servir a los demás sin esperar nada a cambio y de centrarnos en las necesidades de quienes nos rodean.

Una de las lecciones clave de la vida de Isacar es el valor de servir a los demás con un corazón humilde. La humildad es lo opuesto a buscar atención o gloria personal. Se trata de reconocer que nuestros talentos y esfuerzos no son sólo para nuestro propio beneficio sino que también pueden utilizarse para ayudar a otros. La vida de Isacar muestra que cuando elegimos servir con humildad, podemos encontrar una satisfacción más profunda. En lugar de centrarnos en cómo podemos ser elogiados u honrados, nos centramos en las necesidades de los demás y en la alegría que se obtiene al generar un impacto positivo en sus vidas. Esta mentalidad nos permite servir sin esperar recompensas o reconocimiento, lo que a menudo puede ser la fuente de la verdadera felicidad.

Servir con humildad significa trabajar sin intentar ser el centro de atención. Se trata de marcar silenciosamente una diferencia en las vidas de los demás, incluso cuando nadie esté mirando. Isacar no buscó reconocimiento por sus esfuerzos. En cambio, trabajó con diligencia y fidelidad, sabiendo que su servicio era importante, incluso si pasaba desapercibido para el resto del mundo. Esto nos enseña que a veces el trabajo más significativo ocurre detrás de escena, donde otros no lo ven, pero aun así tiene un impacto duradero. La satisfacción que surge del servicio humilde no se trata de fama o aplausos sino de la satisfacción interior de saber que hemos contribuido a algo bueno.

Otra lección de la vida de Isacar es la alegría que surge de trabajar alineado con un propósito mayor. Isacar entendió que su trabajo tenía significado porque era parte de un plan mayor. No solo estaba trabajando para obtener éxito o beneficio personal; su servicio estaba ligado a su papel de apoyar a su familia y a su comunidad. Esta comprensión dio profundidad y propósito a su trabajo. Cuando servimos con un propósito, es más probable que encontremos alegría en el proceso, porque sabemos que nuestros esfuerzos contribuyen a algo que importa. La idea de trabajar por una causa más grande que nosotros mismos puede generar un sentimiento de orgullo y satisfacción mucho más profundo que el logro personal.

En el mundo actual, la gente suele centrarse en el éxito y el reconocimiento personal. Muchos buscan trabajos bien remunerados, fama o estatus, creyendo que esas cosas les traerán felicidad. Sin embargo, la vida de Isacar nos enseña que el verdadero gozo proviene de hacer lo correcto y servir a los demás, más que de los elogios personales. La felicidad que surge de ayudar a los demás y realizar un trabajo significativo suele ser más duradera que la satisfacción pasajera de los logros personales. Al elegir servir a los demás con un corazón humilde, podemos experimentar una sensación de plenitud más profunda que no se puede encontrar en la búsqueda del beneficio personal.

Isacar también nos muestra la importancia de la fidelidad en el servicio. No sólo sirvió cuando era fácil o cuando le convenía; se mantuvo fiel a su papel independientemente de las circunstancias. Servicio fiel significa apegarnos a nuestros compromisos incluso cuando las cosas sean difíciles, agotadoras o ingratas. La dedicación de Isacar a su trabajo y a su pueblo demuestra lo importante que es permanecer fieles a las tareas que se nos asignan, ya sean grandes o pequeñas. La fidelidad en el servicio es lo que genera confianza y genera un impacto positivo en el tiempo. Cuando servimos fielmente, incluso en las cosas pequeñas, contribuimos a un sentido de comunidad y unión.

Otro aspecto clave del ejemplo de Isacar es el gozo de encontrar un propósito en las tareas cotidianas. A veces, es posible que no nos demos cuenta de lo importantes que son las pequeñas tareas, pero la historia de Isacar nos enseña que cada acto de servicio, por simple que sea, tiene valor. Ya sea ayudar a un amigo, hacer las tareas del hogar u ofrecer una palabra amable, estos pequeños actos de bondad pueden generar satisfacción. Cuando abordamos las tareas cotidianas con un corazón humilde y un espíritu de servicio, podemos encontrar alegría incluso en las actividades más mundanas. La vida de Isacar muestra que servir a los demás no siempre requiere grandes gestos; Incluso los actos de servicio más pequeños pueden ser significativos y gratificantes.

La alegría de Isacar por el servicio humilde también surge de la profunda conexión que tenía con su comunidad. Comprendió que su papel no se trataba sólo de él mismo sino del bienestar colectivo de su familia y de quienes lo rodeaban. Este sentido de pertenencia e interconexión le trajo alegría, pues sabía que su trabajo ayudaba a fortalecer los lazos de su comunidad. Cuando servimos con la conciencia de que somos parte de un grupo más grande, podemos enorgullecernos del hecho de que nuestras contribuciones ayudan a otros, creando un sentido de unidad y propósito compartido. Esta conexión con los demás puede ser una gran fuente de alegría y satisfacción.

Además, la vida de Isacar muestra que el gozo del servicio humilde no se limita a los resultados de nuestro trabajo, sino que también proviene de las relaciones que construimos a lo largo del camino. Cuando servimos a los demás, construimos vínculos y amistades que se basan en la confianza, el respeto y el cuidado mutuo. Estas relaciones son a menudo las que nos traen más alegría en la vida. Al servir con un corazón amoroso, creamos conexiones positivas con los demás que pueden conducir a amistades duraderas y satisfactorias. El servicio de Isacar a los demás probablemente fomentó relaciones profundas con quienes lo rodeaban, relaciones que le brindaron alegría no solo a través del trabajo en sí sino a través de las conexiones que hizo.

La alegría del servicio humilde también proviene de la paz interior que trae. Cuando elegimos servir a los demás sin esperar nada a cambio, nos liberamos de la necesidad de validación o reconocimiento. Esto crea una sensación de paz interior, ya que ya no nos preocupa cómo nos ven los demás o qué podemos ganar con nuestros esfuerzos. Servir con un corazón puro nos permite dejar de lado los deseos egoístas y centrarnos en las necesidades de los demás, lo que nos brinda paz y satisfacción. La vida de Isacar refleja esta paz interior, ya que trabajó diligentemente, no por fama o gloria, sino simplemente porque era su llamado y su contribución a la comunidad.

El ejemplo de Isacar muestra que el verdadero gozo y satisfacción provienen del servicio humilde y fiel. Su vida nos enseña que servir a los demás sin esperar nada a cambio, trabajar con un propósito y permanecer fieles a nuestras tareas puede traer una profunda sensación de satisfacción y felicidad. Al elegir servir a los demás con humildad y dedicación, podemos experimentar una alegría mucho más duradera y significativa que el éxito o el reconocimiento personal. Ya sea en forma grande o pequeña, el servicio humilde tiene el poder de traer paz, construir relaciones y crear un impacto positivo en el mundo que nos rodea.

CAPÍTULO 7

Zabulón: Las recompensas de la generosidad

El ejemplo de Zabulón de dar con sacrificio

La vida de generosidad de Zabulón ofrece importantes lecciones sobre las recompensas espirituales y materiales que se obtienen al dar desinteresadamente a los demás. A lo largo de su vida, Zabulón demostró un profundo sentido de compasión y voluntad de ayudar a los necesitados, entendiendo que la verdadera generosidad no se trataba sólo de dar de su abundancia, sino también de sacrificarse por el bienestar de los demás. Sus acciones nos enseñan que la generosidad puede conducir tanto al crecimiento espiritual como a recompensas tangibles.

Uno de los aspectos más poderosos de la generosidad de Zabulón fue su disposición a dar sin esperar nada a cambio. A diferencia de quienes dan para recibir reconocimiento o recompensas, la donación de Zabulón fue impulsada por un puro deseo de ayudar a los demás. No dio sólo para cumplir una obligación o para ganar algo para sí mismo; su generosidad fluyó de un corazón de compasión y amor. Esta actitud desinteresada es lo que hizo que su generosidad fuera tan poderosa. Cuando damos sin esperar nada a cambio, es más probable que experimentemos una sensación más profunda de satisfacción y paz. Nuestro dar se convierte en una expresión de amor y cuidado, en lugar de una transacción.

La generosidad de Zabulón también nos enseña la importancia de compartir con los demás, incluso cuando no tengamos mucho para dar. En muchos casos, las personas pueden abstenerse de dar porque sienten que no tienen suficiente. Sin embargo, el ejemplo de Zabulón muestra que la generosidad no se mide por el tamaño del regalo sino por el corazón que hay detrás de él. Incluso en tiempos de dificultad, Zabulón continuó dando a los necesitados, confiando en que sus acciones serían bendecidas. Esta es una lección importante para nosotros hoy, ya que a veces podemos sentirnos reacios a ayudar a otros si sentimos que nuestros recursos son limitados. Sin embargo, no es la cantidad lo que importa sino la voluntad de dar lo que podamos. La generosidad a menudo tiene un efecto dominó, inspirando a otros a dar también, creando una comunidad de apoyo y bondad.

La vida de Zabulón también revela las recompensas espirituales que se obtienen al vivir una vida generosa. En muchas tradiciones religiosas, la generosidad se considera una virtud que trae bendiciones. Al dar gratuitamente a los demás, Zabulón honraba su fe y mostraba su confianza en la provisión de Dios. La generosidad crea una conexión entre el dador y lo divino, demostrando la creencia de que Dios cubrirá nuestras necesidades.

Esta confianza es una importante lección espiritual. Cuando damos generosamente, no solo ayudamos a los demás, sino que también profundizamos nuestra relación con Dios, reconociendo que, en última instancia, todo lo que tenemos proviene de Él. Esta comprensión nos permite dar con un corazón alegre, sabiendo que nuestra generosidad es parte de un plan más amplio de cuidado y compasión.

Además, la generosidad de Zabulón demostró la interconexión de las comunidades. Entendió que cuando una persona de la comunidad se beneficia, todo el grupo prospera. Al ofrecer sus recursos para ayudar a los demás, Zabulón contribuyó al bienestar de su familia, sus vecinos e incluso la sociedad en general. La generosidad fomenta un sentido de unidad y apoyo mutuo, donde todos trabajan juntos por el bien común. Este aspecto comunitario de dar es crucial, ya que nos enseña que no somos individuos aislados, sino parte de una red más amplia de personas que pueden apoyarse y animarse mutuamente. De esta manera, la generosidad de

Zabulón contribuyó a la fortaleza de toda su comunidad, creando un sentido de responsabilidad y cuidado compartidos.

Las recompensas materiales de la generosidad también son evidentes en la vida de Zabulón. En muchos sentidos, cuanto más daba Zabulón, más parecía recibir. Cuando damos generosamente, creamos oportunidades para que otros correspondan, no necesariamente en forma de obsequios materiales, sino mediante actos de bondad y apoyo. Las donaciones de Zabulón probablemente dieron lugar a una red de ayuda mutua, en la que él también recibió el apoyo de otros en momentos de necesidad. Esto refleja el principio de reciprocidad, según el cual los actos de bondad a menudo cierran el círculo. La generosidad fomenta una cultura de generosidad, donde las personas se apoyan mutuamente, creando un ciclo de intercambios positivos. Esto le da a Zebulun no sólo la satisfacción de ayudar a los demás sino también los beneficios de vivir en una comunidad compasiva y solidaria.

La generosidad de Zabulón también resalta la idea de que las recompensas materiales no siempre llegan de inmediato, sino que suelen aparecer con el tiempo. La generosidad es una inversión a largo plazo para construir relaciones y fomentar la buena voluntad. Si bien es posible que Zabulón no haya visto resultados instantáneos por sus donaciones, el impacto de sus acciones probablemente repercutió en su comunidad en los años venideros. Con el tiempo, la vida de las personas mejoró y su comunidad se hizo más fuerte gracias a la amabilidad y el apoyo que ofreció. Esto nos enseña que las recompensas de la generosidad pueden no siempre ser visibles de inmediato, pero con el tiempo, los efectos positivos pueden ser profundos. Las relaciones que se construyen a través de las donaciones crean un legado duradero, haciendo de la generosidad un esfuerzo verdaderamente valioso.

Otra lección clave de la vida de Zabulón es la idea de que la verdadera generosidad no se trata sólo de dar dinero o posesiones materiales, sino de darnos a nosotros mismos. Esto podría significar ofrecer nuestro tiempo, talentos o energía para ayudar a otros. Probablemente Zabulón dio no sólo de su riqueza sino también de sus habilidades y destrezas. Habría sido generoso con su tiempo, echando una mano a quienes la necesitaban, ofreciendo consejo o apoyo y contribuyendo a su comunidad de diversas maneras. Este tipo de generosidad enriquece no sólo la vida de los demás sino también la nuestra. Cuando compartimos nuestros talentos y nuestro tiempo, nos conectamos más con quienes nos rodean y experimentamos la alegría que surge al marcar una diferencia en las vidas de los demás.

La vida de Zabulón también nos desafía a considerar el impacto de nuestras donaciones en las generaciones futuras. Las recompensas de la generosidad a menudo se extienden más allá de nuestro círculo inmediato y afectan las vidas de quienes nos suceden. Al invertir en el bienestar de los demás, creamos un legado de bondad y apoyo que puede continuar en los años venideros. Este impacto generacional es un aspecto importante de la generosidad, ya que garantiza que nuestras buenas obras inspirarán a otros a dar también. Así como la generosidad de Zabulón fortaleció a su comunidad, nuestros actos de bondad hoy pueden crear un cambio positivo duradero para las generaciones futuras.

El ejemplo de Zabulón nos enseña que la generosidad es una fuerza poderosa que trae recompensas tanto espirituales como materiales. Su vida muestra que cuando damos desinteresadamente, sin esperar nada a cambio, no sólo ayudamos a los demás sino que también experimentamos un crecimiento espiritual y conexiones más profundas con nuestras comunidades. La generosidad fomenta la unidad, crea oportunidades de apoyo mutuo y brinda alegría duradera. Ya sea a través de apoyo financiero, tiempo o talentos, los actos generosos de bondad pueden tener un profundo impacto tanto en quien los da como en quienes los reciben, creando un legado de amor y compasión que beneficia a todos los involucrados.

Bendiciones que se obtienen al ayudar a los demás

Ayudar a los demás trae bendiciones no sólo a la persona que recibe la ayuda sino también a la que la ofrece. La vida de Zabulón ejemplifica esta verdad. A través de sus actos generosos y su voluntad de ayudar a quienes lo rodean, Zabulón demostró cómo los actos de bondad y servicio pueden conducir a recompensas tangibles y crecimiento espiritual. Ayudar a los demás es una práctica poderosa que trae bendiciones de maneras que no siempre esperamos. Fortalece las relaciones, mejora las comunidades e incluso tiene el poder de transformar vidas.

Cuando ayudamos a los demás, a menudo experimentamos una sensación de plenitud y alegría. Esta es una bendición natural que proviene de dar. Para Zabulón, su generosidad no se trataba solo de satisfacer las necesidades inmediatas de los demás, sino también de la profunda satisfacción que se obtiene al saber que marcó una diferencia positiva en la vida de alguien. Ayudar a los demás puede crear una sensación de propósito y conexión, lo que enriquece la vida de quien lo da. Las bendiciones de ayudar a los demás a menudo se ven en las recompensas emocionales: la felicidad y la paz que se obtienen al saber que has ayudado a alguien necesitado. El ejemplo de Zabulón nos enseña que el acto de dar, incluso en pequeñas formas, trae recompensas internas que pueden traer alegría y satisfacción a nuestros corazones.

Además, ayudar a los demás fomenta relaciones más fuertes y saludables. Cuando damos nuestro tiempo, recursos o energía para ayudar a los demás, generamos confianza y creamos vínculos de amistad. Esto es especialmente cierto en comunidades muy unidas donde el apoyo mutuo es vital para el bienestar de todos. Los actos de generosidad de Zabulón probablemente fortalecieron sus relaciones con los demás, ya que la gente lo veía como una persona confiable y afectuosa que siempre estaba dispuesta a echar una mano. Cuando mostramos bondad, creamos un ciclo de apoyo que beneficia a todos. Las bendiciones que surgen de estas relaciones a menudo se ven en forma de lealtad, respeto y cooperación. A medida que damos a los demás, es posible que estén más dispuestos a ayudarnos cuando lo necesitemos, creando una red de personas afectuosas que se cuidan unos a otros.

Además de las bendiciones emocionales y relacionales, ayudar a los demás también puede traer recompensas prácticas. El ejemplo de Zabulón muestra que cuando ayudamos a quienes nos rodean, es posible que no siempre veamos resultados inmediatos, pero con el tiempo, la generosidad que mostramos puede abrirnos puertas de maneras inesperadas. Al contribuir al bienestar de los demás, nos convertimos en parte de una red de apoyo que puede brindar asistencia cuando enfrentamos desafíos. Esta bondad recíproca puede generar oportunidades, conexiones e incluso bendiciones materiales. Si bien es importante recordar que debemos ayudar a los demás sin esperar nada a cambio, la realidad es que la bondad a menudo trae recompensas, ya sea en forma de ayuda cuando la necesitamos o simplemente la satisfacción de saber que hemos hecho del mundo un lugar mejor. mejor lugar.

Además, ayudar a otros puede tener un efecto dominó que se extiende mucho más allá del círculo inmediato de personas a las que ayudamos. Cuando ayudamos a alguien, a menudo se siente inspirado a transmitir esa bondad a los demás. El ejemplo de Zabulón ilustra bien esto. Su generosidad probablemente influyó en que otros también fueran generosos, creando una reacción en cadena de bondad y apoyo. Este efecto dominó es una de las mayores bendiciones que se obtienen al ayudar a los demás. El bien que hacemos se multiplica y beneficia a muchas personas de maneras que tal vez nunca nos demos cuenta del todo. Al dar ejemplo de generosidad, contribuimos a una cultura de bondad y compasión que se extiende por nuestras comunidades, haciendo del mundo un lugar mejor para todos.

Ayudar a los demás también trae bendiciones en forma de crecimiento espiritual. En muchas tradiciones espirituales, servir a los demás se considera un acto de amor que honra a Dios o a un poder superior. La generosidad de Zabulón estaba arraigada en su fe y sus acciones reflejaban su profunda conexión con sus creencias espirituales. Al ayudar a los demás, nos alineamos con los valores de compasión, bondad y altruismo que son fundamentales para muchas religiones. Estos actos de servicio nos acercan a nuestros ideales espirituales y nos ayudan a crecer en virtud. Las bendiciones que provienen de este crecimiento espiritual son profundas. Al ayudar a los demás, aprendemos a desarrollar mayor paciencia, empatía y humildad. Estas cualidades nos hacen mejores personas y profundizan nuestra conexión con lo divino.

Además, ayudar a los demás nos enseña importantes lecciones de vida sobre la gratitud y la humildad. Cuando ofrecemos nuestra ayuda, a menudo nos damos cuenta de lo afortunados que somos en nuestras propias vidas. Ayudar a los menos afortunados nos recuerda las bendiciones que tenemos y nos anima a estar agradecidos por lo que tenemos. La generosidad de Zabulón nos enseña que al servir a los demás, cultivamos un sentido de gratitud y satisfacción. Esto, a su vez, conduce a una comprensión más profunda del valor de los regalos que nos han dado. Las bendiciones de la gratitud y la humildad enriquecen nuestras vidas y nos hacen apreciar más las alegrías simples que se nos presentan.

Otra bendición que se obtiene al ayudar a los demás es la sensación de plenitud que se obtiene al saber que estamos cumpliendo nuestro propósito. Cada uno de nosotros tiene un papel que desempeñar en el mundo y, a menudo, ese papel implica ayudar a los demás. Al ser generosos, asumimos ese papel y experimentamos una sensación de plenitud que proviene de saber que estamos haciendo lo que debemos hacer. La vida de Zabulón nos enseña que ayudar a los demás no se trata sólo de cumplir un deber; se trata de vivir una vida con propósito y marcar la diferencia. Cuando ayudamos a los demás, nos conectamos con nuestro sentido más profundo de propósito, encontrando significado en el simple acto de servicio.

Ayudar a los demás trae bendiciones al permitirnos tener un impacto duradero en el mundo. Cada acto de bondad, por pequeño que sea, deja una huella. La generosidad de Zabulón probablemente tuvo un efecto duradero en su comunidad e influyó en las generaciones venideras. De manera similar, cuando ayudamos a los demás, creamos un legado de bondad y compasión que se extiende más allá de nuestras propias vidas. Las bendiciones que se derivan de este impacto duradero son profundas. Al ayudar a los demás, contribuimos a un mundo donde se valora la bondad y las personas trabajan juntas para cuidarse unas a otras. Este legado de amor y servicio es una de las mayores bendiciones que podemos dejar atrás.

Ayudar a los demás trae consigo una amplia gama de bendiciones, tanto inmediatas como duraderas. Desde la alegría y la satisfacción que se obtienen al dar, hasta las relaciones más sólidas que construimos y el crecimiento espiritual que experimentamos, las bendiciones de ayudar a los demás son enormes. La vida de generosidad de Zabulón sirve como un poderoso ejemplo de cómo los actos de bondad pueden transformar no sólo la vida de los demás sino también la nuestra. Al ayudar a los demás, creamos un efecto dominó de bondad que se extiende a través de nuestras comunidades y más allá, haciendo del mundo un lugar mejor para todos. Las bendiciones que se obtienen al ayudar a los demás son verdaderamente inconmensurables y ofrecen recompensas de maneras que tal vez nunca comprendamos del todo.

Construyendo un corazón generoso en una era materialista

En el mundo actual, donde la gente suele centrarse en la riqueza material y el éxito personal, cultivar un corazón generoso a veces puede parecer difícil. Sin embargo, la generosidad es un valor importante que no sólo ayuda a los demás sino que también enriquece nuestra propia vida. Construir un corazón generoso en una era materialista requiere acciones intencionales y un cambio de mentalidad que dé mayor valor a dar y compartir. A continuación se presentan algunos pasos prácticos para ayudar a fomentar la generosidad en un mundo que a menudo prioriza las posesiones y las ganancias individuales.

Primero, es fundamental entender que la generosidad no se refiere sólo a dar dinero o bienes materiales. La generosidad puede adoptar muchas formas, incluido ofrecer tiempo, amor, apoyo y aliento. Comprender que la generosidad es algo más que solo riqueza financiera puede ayudar a las personas a comenzar a apreciar las diversas formas en que pueden contribuir al bienestar de los demás. Por ejemplo, ser voluntario en un refugio local, escuchar a alguien necesitado o simplemente pasar tiempo de calidad con un amigo o familiar pueden ser actos de generosidad. Al reconocer que dar no siempre tiene que ser monetario, podrás empezar a ver más oportunidades para ser generoso en tu vida diaria.

Uno de los primeros pasos para construir un corazón generoso es aprender a desarrollar una mentalidad de gratitud. Cuando nos concentramos en lo que tenemos en lugar de en lo que nos falta, comenzamos a apreciar la abundancia en nuestras vidas. La gratitud cambia nuestra perspectiva de una sensación de escasez a una sensación de abundancia. Cuando nos sentimos agradecidos por lo que ya tenemos, es más probable que lo compartamos con los demás. Practicar la gratitud puede ser tan sencillo como tomarse un momento cada día para reflexionar sobre las cosas por las que estás agradecido, ya sea tu familia, tu salud, tus amigos o tu hogar. Cuanto más practicamos la gratitud, más naturalmente la generosidad se convierte en parte de quiénes somos. Un corazón agradecido reconoce que todo lo que tenemos es un regalo y, con esta comprensión, compartir se convierte en una manera fácil y natural de expresar nuestro agradecimiento.

Otro paso para cultivar la generosidad es aprender a dejar de lado los deseos personales y materiales. En un mundo que promueve constantemente la adquisición de más (ya sea ropa nueva, los últimos aparatos o una casa más grande), puede resultar difícil resistir la tentación de centrarnos en obtener más para nosotros mismos. Sin embargo, al tomar decisiones intencionales para vivir de manera más simple, podemos crear espacio en nuestras vidas para concentrarnos en los demás. Esto no significa que tengamos que renunciar a todo lo que poseemos, pero sí significa tomar decisiones conscientes sobre lo que es verdaderamente importante. Puedes comenzar evaluando las cosas que tienes y preguntándote si agregan valor a tu vida. Si no es así, considere cómo puede transmitirlos a otras personas que podrían necesitarlos más. Simplificar su vida y reducir su enfoque en la riqueza material puede liberar tiempo y recursos que pueden usarse mejor para dar.

Construir un corazón generoso implica también ser conscientes de las necesidades de quienes nos rodean. En nuestras vidas ocupadas, es fácil concentrarnos en nuestras propias luchas y deseos, pero la generosidad requiere que miremos hacia afuera y veamos dónde podemos marcar una diferencia en las vidas de los demás. Esto podría implicar ayudar a un vecino con la compra, donar ropa a una organización benéfica o apoyar una causa local. Al ser más observadores de las necesidades que nos rodean, podemos hacer que los pequeños actos de bondad formen parte de nuestra rutina diaria. A veces, la generosidad no se trata de hacer grandes gestos; se trata de notar las pequeñas formas en que podemos ayudar a quienes nos rodean. Ser consciente de las necesidades de los demás y ofrecer ayuda cuando podamos es una forma poderosa de practicar la generosidad.

Otro paso clave para cultivar la generosidad es desarrollar el hábito de dar con regularidad, por pequeña que sea. Es fácil pensar que la generosidad sólo tiene sentido cuando podemos dar una gran suma de dinero o hacer una donación importante. Sin embargo, los actos de donación más pequeños y regulares pueden tener el mismo impacto. Al reservar una parte de su tiempo, dinero o energía cada mes para dárselo a los demás, crea un hábito de generosidad que se arraiga en su estilo de vida. Ya sea donando una pequeña cantidad a una organización benéfica, trabajando como voluntario unas horas a la semana o simplemente ayudando a alguien que lo necesita, las donaciones regulares ayudan a desarrollar un corazón generoso con el tiempo. No tienes que esperar hasta tener más para dar; Incluso las pequeñas contribuciones pueden marcar una gran diferencia.

También es importante dar sin esperar nada a cambio. La verdadera generosidad proviene del deseo de ayudar a los demás sin necesidad de reconocimiento ni recompensas. En un mundo donde la gente suele dar con la expectativa de recibir algo a cambio, practicar la donación desinteresada es una forma poderosa de cultivar un corazón generoso. Dar sin condiciones puede ser una experiencia profundamente satisfactoria porque le permite centrarse en el bienestar de los demás en lugar de buscar el beneficio personal. Cuando damos simplemente por ayudar a los demás, podemos experimentar la verdadera alegría que proviene de actos de bondad desinteresados.

Aprender a ser generoso con nuestro amor y aliento es tan importante como ser generoso con los bienes materiales. A veces, lo más valioso que podemos ofrecer a los demás es nuestro apoyo y positividad. Animar a alguien que está pasando apuros, ofrecerle una palabra amable o simplemente estar presente para alguien en su momento de necesidad puede tener un impacto duradero. En un mundo que a veces puede resultar frío e indiferente, ofrecer apoyo emocional y amabilidad es una forma poderosa de ser generoso. Al ofrecer amor y aliento libremente, creamos vínculos de conexión que fortalecen nuestras comunidades y ayudan a otros a sentirse valorados.

Recuerde que la generosidad no tiene por qué ser un evento único; puede ser una forma de vida continua. Construir un corazón generoso consiste en crear un estilo de vida que priorice el bienestar de los demás y encontrar formas de ayudar siempre que sea posible. Al hacer de la generosidad una parte habitual de tu vida, se convierte en una expresión natural de quién eres. Con el tiempo, descubrirás que tu generosidad no sólo ayuda a los demás sino que también aporta alegría y satisfacción a tu propia vida.

Cultivar la generosidad en un mundo materialista requiere un esfuerzo intencional y un cambio de mentalidad. Al practicar la gratitud, simplificar nuestra vida, ser conscientes de las necesidades de los demás y dar con regularidad, podemos construir un corazón generoso que traiga bendiciones tanto a los demás como a nosotros mismos. La generosidad no se trata de tener grandes riquezas o recursos; se trata de estar dispuestos a compartir todo lo que tengamos, ya sea tiempo, dinero, amor o apoyo. Al vivir generosamente, podemos marcar una diferencia positiva en el mundo y encontrar mayor paz y alegría en nuestras propias vidas.

CAPÍTULO 8

Dan: Navegando por las luchas de la justicia y la venganza

La lucha de Dan contra la ira justa

Dan, uno de los hijos de Jacob, presenta una historia convincente de lucha interna y crecimiento moral en el *Testamento de los Doce Patriarcas*. Su vida ofrece valiosas lecciones sobre la compleja naturaleza de la ira, particularmente cuando surge de un sentido de rectitud. Como seres humanos, todos experimentamos momentos en los que nos sentimos agraviados o somos testigos de injusticias que despiertan fuertes emociones en nuestro interior. La historia de Dan nos enseña cómo manejar estos sentimientos sin permitir que conduzcan a acciones dañinas.

Dan confiesa abiertamente su batalla contra la ira en su testamento. Admite que a menudo su temperamento se apoderaba de él, especialmente cuando percibía injusticia. Explica cómo albergaba resentimiento hacia su hermano José, lo que lo llevó a participar en la conspiración para hacerle daño. La ira de Dan fue alimentada por la envidia y la creencia de que José estaba siendo favorecido sobre el resto de los hermanos. Este sentimiento de injusticia nubló su juicio y lo llevó a cometer acciones de las que luego se arrepintió profundamente.

Una lección importante del relato de Dan es la naturaleza destructiva de la ira desenfrenada. Cuando la ira no se controla, puede conducir a decisiones que dañan a los demás y a nosotros mismos. La ira de Dan hacia José causó división dentro de su familia y contribuyó al sufrimiento de su hermano. Su historia nos recuerda que la ira, incluso cuando se siente justificada, puede convertirse en un comportamiento dañino si no se maneja adecuadamente.

Dan también reflexiona sobre el papel de la autoconciencia a la hora de superar la ira. Reconoce sus defectos y asume la responsabilidad de sus acciones. Este nivel de honestidad consigo mismo es un paso esencial hacia el crecimiento personal. Cuando reconocemos nuestras tendencias a reaccionar impulsivamente o guardar rencores, podemos empezar a abordarlas. La disposición de Dan a admitir sus errores muestra que comprender nuestras emociones es el primer paso para transformarlas.

Otra idea clave de la historia de Dan es la importancia del perdón. Llegó a darse cuenta de que aferrarse a la ira y el resentimiento sólo causaba más dolor. Al reflexionar sobre sus errores, comprendió el valor de perdonar a los demás y buscar el perdón por sus propias acciones. Esta lección es especialmente relevante para cualquiera que alguna vez haya luchado por dejar de lado los sentimientos negativos. El perdón no significa perdonar las malas acciones; significa liberarnos del peso de la ira y la amargura.

El viaje de Dan también resalta la necesidad de tener fe y confiar en Dios para manejar las emociones fuertes. Él enfatiza que la verdadera justicia pertenece a Dios y que debemos confiar en Su juicio en lugar de tomar el asunto en nuestras propias manos. Esta perspectiva nos ayuda a abordar las situaciones con humildad, reconociendo que nuestra comprensión de la justicia es limitada. Cuando ponemos nuestra confianza en Dios, podemos dejar de lado el deseo de venganza y concentrarnos en vivir en paz.

La historia de Dan nos anima a reemplazar la ira con compasión y comprensión. Cuando nos sentimos agraviados, es natural querer reaccionar, pero reaccionar con enojo a menudo causa más daño. La experiencia de Dan nos enseña a hacer una pausa, reflexionar y buscar una forma más constructiva de abordar nuestros sentimientos. Por ejemplo, en lugar de arremeter, podemos comunicar nuestros sentimientos con calma y respeto o tomarnos un tiempo para orar y reflexionar antes de actuar.

Dan también nos recuerda que hacer las paces es una parte vital de la curación. Después de reconocer su papel en el sufrimiento de José, trató de arreglar las cosas. Este acto de arrepentimiento no sólo reparó su relación con su hermano sino que también lo acercó a Dios. Hacer reparaciones requiere valentía y humildad, pero es un paso necesario para restaurar la confianza y la paz.

Para los lectores niños y jóvenes, la historia de Dan es un poderoso recordatorio de que todo el mundo comete errores, pero lo más importante es cómo respondemos a esos errores. Cuando reconocemos nuestros errores, nos disculpamos sinceramente y nos esforzamos por hacerlo mejor, nos convertimos en personas más compasivas y responsables. La transformación de Dan de alguien consumido por la ira a alguien que busca la paz y la justicia es un viaje que nos inspira a todos a manejar nuestras emociones con cuidado y sabiduría.

Otra conclusión práctica de la vida de Dan es el valor de la comunidad y la responsabilidad. Dan no estaba solo en sus luchas; sus acciones estuvieron influenciadas por la dinámica dentro de su familia. Esto nos recuerda que nuestro entorno juega un papel en la configuración de nuestro comportamiento. Rodearnos de influencias positivas y buscar orientación de amigos, familiares o mentores de confianza puede ayudarnos a afrontar las emociones difíciles de forma más eficaz.

La historia de Dan nos enseña que la ira es una emoción natural pero que debe manejarse con atención y disciplina. Al acudir a Dios, aceptar el perdón y buscar la reconciliación, podemos transformar la ira en una fuerza para el bien. Estas lecciones no sólo son aplicables en contextos espirituales sino también en la vida cotidiana. Ya sea en la escuela, en casa o en las amistades, aprender a manejar la ira con gracia y comprensión puede conducir a relaciones más saludables y a un corazón más pacífico.

La confesión y reflexión de Dan en el *Testamento de los Doce Patriarcas* son herramientas valiosas para cualquiera que busque crecer emocional y espiritualmente. Su historia nos anima a ser honestos acerca de nuestras luchas, pacientes con nosotros mismos y comprometidos a convertirnos en mejores personas.

La delgada línea entre justicia y venganza

La justicia y la venganza a menudo están entrelazadas en nuestra comprensión del bien y el mal, pero difieren significativamente en su propósito e impacto. La historia de Dan, uno de los hijos de Jacob, demuestra los peligros de confundir estos dos conceptos. Sus acciones revelan cómo la ira personal, cuando no se controla, puede pasar de un deseo de justicia a una búsqueda de venganza, lo que conduce a daño en lugar de resolución. Al mismo tiempo, su viaje ofrece valiosas lecciones sobre el poder de la verdadera justicia para sanar relaciones y construir comunidades más fuertes.

La justicia busca restablecer el equilibrio y garantizar la equidad. Tiene sus raíces en principios de rectitud y tiene como objetivo proteger y elevar a todas las partes involucradas. La venganza, por otro lado, surge de un deseo personal de infligir daño a quienes nos han hecho daño. Mientras que la justicia se centra en abordar los errores por el bien común, la venganza está impulsada por emociones como la ira, el resentimiento y la necesidad de retribución. Esta distinción es crucial, ya que confundir ambos puede conducir a resultados destructivos.

Las acciones de Dan hacia su hermano José ilustran con qué facilidad puede arraigarse la búsqueda de venganza cuando la ira nubla el juicio. Sintiendo envidia de la posición privilegiada de José dentro de la familia, Dan permitió que su sentimiento de injusticia se convirtiera en amargura. Este resentimiento finalmente lo llevó a unirse a sus hermanos para conspirar contra José, acciones que tenían más como objetivo satisfacer su enojo que lograr justicia. Este cambio de buscar lo correcto a buscar venganza personal causó un sufrimiento inmenso a José y fracturó a su familia.

Cuando la ira nos lleva a buscar venganza, a menudo actuamos impulsivamente, sin considerar plenamente las consecuencias de nuestras acciones. En el caso de Dan, la decisión de dañar a Joseph creó un efecto dominó de dolor y arrepentimiento. Lo que podría haber comenzado como un deseo de abordar el favoritismo percibido se convirtió en una serie de decisiones que sólo profundizaron la división de la familia. Esto sirve como recordatorio de que la venganza rara vez resuelve los conflictos; en cambio, los amplifica y crea un daño duradero.

La verdadera justicia, por el contrario, prioriza la restauración sobre las represalias. Implica buscar soluciones que curen las heridas y fomenten la comprensión. Dan finalmente se dio cuenta del camino destructivo que había tomado y reconoció su papel en el sufrimiento que causó. Este momento de autoconciencia marcó un punto de inflexión, ya que comenzó a comprender la diferencia entre su sentimiento inicial de injusticia y las acciones vengativas que llevó a cabo. Al aceptar la responsabilidad y esforzarse por la reconciliación, Dan dio pasos hacia la verdadera justicia, que en última instancia lo benefició no sólo a él sino a toda su familia.

Uno de los peligros de la venganza es que a menudo nos ciega ante la humanidad de los demás. Cuando nos concentramos únicamente en nuestro dolor o enojo, podemos olvidar que aquellos que nos hicieron daño también son capaces de crecer y cambiar. Esta mentalidad puede atraparnos en un ciclo de resentimiento y represalias, impidiendo la curación y la reconciliación. La justicia, sin embargo, requiere que veamos a los demás como algo más que sus errores. Nos desafía a abordar los errores y al mismo tiempo dejar espacio para el perdón y la transformación.

La historia de Dan también destaca el papel de la perspectiva a la hora de distinguir entre justicia y venganza. Su enojo inicial hacia José surgió de la creencia de que José no merecía el favor de su padre. Sin embargo, esta percepción estuvo moldeada por la envidia y la incomprensión más que por un claro sentido de justicia. Cuando permitimos que emociones como los celos o el orgullo influyan en nuestras decisiones, resulta más fácil justificar acciones que tienen más que ver con la satisfacción personal que con la verdadera justicia.

Las comunidades prosperan cuando la justicia, en lugar de la venganza, guía sus acciones. La justicia fomenta la confianza, la cooperación y un sentido de responsabilidad compartida, mientras que la venganza genera miedo, división y hostilidad. El eventual reconocimiento de sus errores por parte de Dan le permitió contribuir a restaurar la paz dentro de su familia. Este cambio no sólo mejoró las relaciones sino que también fortaleció los vínculos que las mantenían unidas, sirviendo como modelo de cómo la justicia puede transformar las comunidades.

La distinción entre justicia y venganza también es evidente en los resultados que producen. Si bien la venganza a menudo deja un rastro de arrepentimiento y conflicto continuo, la justicia apunta a resolver los problemas de una manera que beneficie a todos los involucrados. Para Dan, el camino hacia la comprensión de esta diferencia no fue fácil, pero fue necesario para su crecimiento personal y el bienestar de su familia. Su historia nos recuerda que buscar justicia requiere paciencia, humildad y voluntad de enfrentar nuestros propios defectos.

Otra lección importante de la experiencia de Dan es el valor de buscar orientación cuando se enfrentan conflictos. Emociones como la ira y la frustración pueden nublar nuestro juicio, dificultando actuar con justicia. Recurrir a mentores confiables, líderes comunitarios o enseñanzas espirituales puede ayudarnos a afrontar estos desafíos y evitar los peligros de la venganza. La eventual confianza de Dan en la sabiduría de Dios resalta la importancia de la fe para guiarnos hacia acciones justas.

La justicia también exige que afrontemos la tentación de la venganza con fuerza y autocontrol. Es natural sentirnos heridos o enojados cuando nos hacen daño, pero ceder a esas emociones puede alejarnos de nuestros principios más elevados. La historia de Dan sirve como recordatorio de que la justicia no se trata de satisfacer nuestras emociones inmediatas sino de luchar por un bien mayor. Esta perspectiva nos anima a superar los agravios personales y contribuir al bienestar de los demás.

Para los lectores niños y jóvenes, la vida de Dan les enseña que la justicia y la bondad son siempre mejores opciones que las represalias. Cuando alguien nos hace daño, es normal sentirnos molestos, pero buscar hacerle daño a cambio sólo crea más problemas. Al centrarnos en comprender y encontrar soluciones, podemos convertir situaciones difíciles en oportunidades de crecimiento y aprendizaje.

La diferencia entre justicia y venganza radica en su intención e impacto. Mientras que la justicia busca restaurar la armonía y la equidad, la venganza se centra en la retribución personal. El viaje de Dan desde actuar motivado por la ira hasta buscar la reconciliación ofrece un poderoso ejemplo del poder transformador de la justicia. Su historia nos anima a hacer una pausa, reflexionar y elegir acciones que promuevan la paz y la curación, tanto en nuestra vida personal como en nuestras comunidades. A través del ejemplo de Dan, aprendemos que la verdadera justicia no solo resuelve conflictos sino que también fortalece las relaciones y nos acerca a la visión de armonía y justicia de Dios.

Buscar la paz por encima de las represalias

Las enseñanzas de Dan brindan un recordatorio eterno de la importancia de buscar la paz por encima de las represalias cuando se enfrenta una mala conducta. En su testamento, Dan reflexiona sobre las consecuencias de permitir que la ira impulse sus acciones, instando a sus descendientes a buscar la armonía en lugar de la venganza. Este principio se alinea estrechamente con las enseñanzas de la Biblia, que constantemente enfatizan el perdón, la paciencia y el amor como fundamento de una paz duradera.

La respuesta humana al ser agraviado a menudo implica sentimientos de dolor e ira, y puede resultar tentador tomar represalias. La historia de Dan revela los peligros de este enfoque. Su envidia y enojo hacia su hermano José lo llevaron a acciones dañinas que causaron dolor y división en su familia. Con el tiempo, Dan llegó a comprender que las represalias sólo profundizaban las heridas y creaban más conflictos. Esta comprensión lo animó a abrazar un camino de paz, reconociendo que el perdón y la reconciliación eran las verdaderas soluciones para sanar las relaciones rotas.

La Biblia nos enseña a poner la otra mejilla como una forma de demostrar gracia y autocontrol ante la adversidad. En el Sermón de la Montaña, Jesús dice: "Si alguno te da una bofetada en la mejilla derecha, preséntale también la otra". Esta enseñanza no se trata de permitir que otros nos maltraten sino de negarnos a responder al daño con daño. Nos anima a romper el ciclo de represalias respondiendo con amabilidad y comprensión. Al elegir la paz, reflejamos el amor de Dios y damos un ejemplo a seguir para otros.

El viaje de Dan muestra que buscar la paz requiere humildad y voluntad de dejar de lado el orgullo. Las represalias a menudo están impulsadas por el deseo de demostrar nuestra fuerza o afirmar nuestro valor, pero estos motivos en última instancia conducen a más daño. Elegir la paz significa priorizar el bienestar de los demás y el bien común por encima de la reivindicación personal. Implica reconocer que la verdadera fuerza reside en nuestra capacidad de superar la ira y responder con compasión.

El perdón juega un papel central en la búsqueda de la paz. Dan finalmente reconoció el daño que había causado y trató de enmendarlo. Este acto de arrepentimiento fue un paso crucial hacia el restablecimiento de la armonía dentro de su familia. De manera similar, cuando perdonamos a quienes nos hacen daño, nos liberamos del peso del resentimiento y abrimos la puerta a la reconciliación. El perdón no significa perdonar las malas acciones, sino más bien liberar el control que la ira y la amargura tienen en nuestros corazones.

Buscar la paz también requiere empatía y comprensión. Cuando alguien nos hace daño, es útil considerar su perspectiva y las razones detrás de sus acciones. Este enfoque puede suavizar nuestra ira y permitirnos abordar la situación con mayor claridad y compasión. La reflexión final de Dan sobre sus acciones hacia Joseph sugiere que comprender el impacto de nuestras decisiones puede conducir a un profundo crecimiento personal y sanación.

En la vida moderna, el principio de poner la otra mejilla se puede aplicar en diversas situaciones, desde relaciones personales hasta conflictos sociales más amplios. Cuando alguien nos habla con dureza, en lugar de tomar represalias con palabras igualmente duras, podemos optar por responder con calma y respeto. Esto no sólo calma la tensión sino que también establece un tono positivo para futuras

interacciones. En las disputas, ya sea en el hogar, la escuela o el trabajo, elegir escuchar y buscar puntos en común puede evitar la escalada y fomentar el respeto mutuo.

La construcción de la paz requiere un esfuerzo activo y un compromiso para mantener la armonía. Puede implicar tener conversaciones difíciles, establecer límites o buscar mediación para resolver conflictos. La historia de Dan nos enseña que la paz no es pasiva; es una elección deliberada actuar de manera que promuevan la comprensión y la unidad. Este compromiso a menudo implica paciencia y perseverancia, ya que sanar relaciones y reconstruir la confianza lleva tiempo.

La Biblia también nos enseña a orar por aquellos que nos hacen daño. Jesús dijo: "Amad a vuestros enemigos y orad por los que os persiguen". Orar por los demás, especialmente por aquellos que nos han herido, ayuda a ablandar nuestro corazón y alinear nuestras acciones con la voluntad de Dios. Nos permite liberar la ira y centrarnos en buscar soluciones que beneficien a todos los involucrados.

El legado de Dan enfatiza la importancia de confiar en la guía de Dios para afrontar los conflictos. Cuando nos sentimos agraviados, recurrir a la oración y las Escrituras puede proporcionarnos la fuerza y la sabiduría necesarias para responder con gracia. Confiar en la justicia de Dios nos permite dejar de lado el deseo de venganza, sabiendo que Él finalmente arreglará las cosas. Esta fe nos da el valor de buscar la paz, incluso en circunstancias difíciles.

Buscar la paz por encima de las represalias no siempre es fácil, pero es profundamente gratificante. Conduce a relaciones más sólidas, un mayor bienestar emocional y una comunidad más armoniosa. La historia de Dan nos recuerda que elegir la paz es un viaje de toda la vida que requiere conciencia de uno mismo, humildad y el compromiso de hacer lo correcto. Al incorporar estos principios, podemos crear un efecto dominó de bondad y comprensión que inspire a otros a hacer lo mismo.

Para los lectores niños y jóvenes, la vida de Dan les enseña que responder al dolor con amabilidad es siempre la mejor opción. Cuando alguien hace algo injusto, es natural sentirse molesto, pero reaccionar de una manera que provoque más dolor sólo empeora las cosas. En cambio, tomarse un momento para calmarse, hablar amablemente con la persona o buscar ayuda de un adulto de confianza puede ayudar a resolver la situación de manera pacífica.

En un mundo a menudo marcado por la división y el conflicto, las enseñanzas de Dan y la Biblia ofrecen un camino hacia la unidad y la reconciliación. Al elegir la paz en lugar de las represalias, nos convertimos en agentes del amor de Dios, difundiendo esperanza y sanación dondequiera que vayamos. Este enfoque no sólo fortalece nuestras relaciones sino que también nos acerca a vivir los valores de la compasión, el perdón y la gracia que son fundamentales para nuestra fe. A través del ejemplo de Dan, aprendemos que la paz no es sólo la ausencia de conflicto sino una fuerza poderosa para el bien que transforma vidas y comunidades.

CAPÍTULO 9

Neftalí: caminando en libertad y fidelidad

La bendición de la libertad espiritual

Neftalí, en el Testamento de los Doce Patriarcas, ejemplifica una vida arraigada en la libertad espiritual a través de la fe en Dios. Su historia revela el profundo gozo y la paz que se obtienen al alinear la vida con la voluntad de Dios y confiar en Su guía divina. La libertad espiritual no se trata de hacer lo que uno desee, sino de vivir en armonía con el plan de Dios y liberarse de las cadenas del pecado, la culpa y el miedo. La vida de Neftalí ofrece un modelo para que los creyentes de hoy abracen esta libertad en sus viajes espirituales.

La libertad espiritual comienza con el reconocimiento de la autoridad y el amor de Dios. Neftalí entendió que la verdadera liberación proviene de rendirse a Dios en lugar de perseguir metas egocéntricas. Esta entrega no es una pérdida de individualidad sino una invitación a vivir de una manera que cumpla el propósito de Dios. Cuando las personas intentan vivir independientemente de Dios, a menudo se encuentran atadas por las consecuencias de sus decisiones, ya sea el peso de la culpa o la frustración de expectativas no cumplidas. La fe de Neftalí demuestra que la obediencia a Dios abre la puerta a una vida llena de propósito y libertad.

Uno de los aspectos clave de la libertad espiritual es la liberación del pecado. El pecado crea barreras entre las personas y Dios, lo que lleva a sentimientos de separación y esclavitud. El viaje de Neftalí muestra que reconocer el pecado y buscar el perdón a través de la gracia de Dios puede traer sanación y restauración. Esta libertad no se gana mediante el esfuerzo humano, sino que es un regalo de Dios para quienes se vuelven a Él en arrepentimiento. Los creyentes modernos pueden consolarse con esta verdad, sabiendo que no importa cuán lejos se desvíen, el perdón de Dios siempre está disponible y ofrece un nuevo comienzo.

Neftalí también experimentó la libertad gracias a la confianza en la provisión de Dios. Confiar en Dios significa creer que Él suplirá todas las necesidades y guiará a Sus seguidores por el camino correcto. La confianza de Neftalí en las promesas de Dios le permitió vivir sin temor a lo desconocido. Entendió que los desafíos de la vida son oportunidades para profundizar la fe y acercarse a Dios. Esta perspectiva permite a los creyentes enfrentar las dificultades con valentía y confianza, sabiendo que Dios tiene el control.

Otro elemento vital de la libertad espiritual es vivir con integridad y fidelidad. La vida de Neftalí estuvo marcada por la honestidad y un profundo compromiso con los mandamientos de Dios. Valoraba la verdad y buscaba vivir una vida que honrara a Dios en todos los aspectos. Para los creyentes modernos, esto significa esforzarse por alinear sus acciones y decisiones con los principios bíblicos. También implica ser sincero con uno mismo y con los demás, reconociendo que la integridad fomenta la confianza y fortalece las relaciones.

La libertad de Neftalí también surgió de su capacidad para dejar de lado el resentimiento y aceptar el perdón. Guardar rencor o amargura puede pesar mucho en el corazón, privando a las personas del gozo y la paz que Dios desea para ellas. La disposición de Neftalí a perdonar y buscar la reconciliación ejemplifica el tipo de libertad espiritual que permite a los creyentes seguir adelante sin verse agobiados por las heridas del pasado. El perdón no significa ignorar los errores, sino elegir liberar la ira y confiar en que Dios traerá justicia y sanación.

La fidelidad al llamado de Dios es otra piedra angular de la libertad espiritual de Neftalí. Aceptó el papel que Dios le asignó y utilizó sus dones únicos para servir a los demás. Este sentido de propósito le dio sentido y plenitud a su vida. Los creyentes modernos pueden aprender de esto identificando los talentos que Dios les ha dado y buscando formas de contribuir a sus comunidades y al mundo. Cuando las personas viven su llamado, experimentan una sensación de alegría y satisfacción que trasciende los logros mundanos.

La historia de Neftalí también resalta la importancia de la gratitud para mantener la libertad espiritual. La gratitud cambia el enfoque de lo que falta a lo que se ha proporcionado. Al agradecer a Dios por sus bendiciones, los creyentes cultivan una mentalidad de contentamiento y confianza. La vida de Neftalí estuvo llena de gratitud por la guía de

Dios, que fortaleció su fe y profundizó su relación con Él. Hoy en día, los creyentes pueden practicar la gratitud reflexionando sobre la fidelidad de Dios y expresando agradecimiento a través de la oración y actos de bondad.

La libertad que experimentó Neftalí no se limitó a su vida personal, sino que también tuvo un efecto dominó en quienes lo rodeaban. Su fe e integridad inspiraron a otros a buscar a Dios y abrazar la libertad espiritual para sí mismos. Los creyentes modernos también pueden tener un impacto positivo en sus familias, amigos y comunidades al vivir su fe de manera auténtica. Cuando las personas ven la paz y el gozo que provienen de una relación con Dios, a menudo se sienten atraídas a explorar esa misma libertad por sí mismas.

En el mundo actual, muchas cosas pueden obstaculizar la libertad espiritual, incluido el materialismo, las presiones sociales y las luchas internas como el miedo y la duda. La vida de

Neftalí enseña que superar estos obstáculos requiere una fuerte conexión con Dios. Pasar tiempo en oración, leer la Biblia y rodearse de una comunidad de fe que lo apoye son pasos esenciales para fomentar esta conexión. Estas prácticas ayudan a los creyentes a mantenerse firmes en su fe y centrados en las promesas de Dios.

La libertad espiritual también implica reconocer el valor del descanso y la renovación. Así como Dios creó el sábado como un tiempo para descansar, los creyentes están llamados a tomarse un tiempo para recargar su espíritu y reflexionar sobre su bondad. La vida de Neftalí demuestra la importancia de equilibrar el trabajo y el descanso para mantener una fe sana y vibrante. En el mundo acelerado de hoy, reservar tiempo para la reflexión y la renovación espiritual es más importante que nunca.

El legado de Neftalí recuerda a los creyentes que la libertad espiritual no es un logro único, sino un viaje que dura toda la vida. Requiere compromiso continuo, autoexamen y confianza en la gracia de Dios. A medida que los creyentes crecen en su fe, descubren nuevas profundidades de libertad y experimentan la vida abundante que Dios promete. El ejemplo de Neftalí anima a todos los que siguen a Dios a permanecer firmes en su fe, confiando en que Él seguirá guiándolos y proveyendo para ellos.

La vida de Neftalí ofrece un poderoso ejemplo de libertad espiritual mediante la fidelidad a Dios. Al confiar en las promesas de Dios, vivir con integridad y aceptar el perdón, Neftalí experimentó una vida de paz, alegría y propósito. Su historia desafía a los creyentes modernos a reflexionar sobre sus propios viajes espirituales y buscar la libertad que proviene de alinear sus vidas con la voluntad de Dios. A través de la oración, la gratitud y la obediencia fiel, todos los creyentes pueden caminar en la misma libertad que apreciaba Neftalí, compartiéndola con los demás y glorificando a Dios en el proceso.

Las lecciones de Neftalí sobre cómo confiar en los tiempos de Dios

La historia de Neftalí en el Testamento de los Doce Patriarcas es una poderosa ilustración de la virtud de la paciencia y la importancia de confiar en los tiempos de Dios. A lo largo de su vida, Neftalí aprendió a confiar en la sabiduría de Dios en lugar de apresurarse con sus propios planes. Sus experiencias brindan lecciones valiosas para los creyentes de hoy sobre la necesidad de la fe y la paciencia, especialmente en tiempos de pruebas e incertidumbre.

Neftalí enfrentó situaciones en las que esperar en Dios no era fácil, pero decidió confiar en que los planes de Dios eran mejores que su propio entendimiento. Este tipo de confianza requiere humildad, ya que implica reconocer que Dios ve el panorama más amplio y sabe qué es lo mejor para su pueblo. La paciencia al esperar el tiempo de Dios no es un acto pasivo; es una demostración activa de fe. Muestra voluntad de confiar en las promesas de Dios y su horario perfecto, incluso cuando las circunstancias parecen abrumadoras.

En muchos sentidos, la impaciencia puede llevar a las personas a tomar decisiones apresuradas que causan dificultades innecesarias. La vida de Neftalí nos recuerda que cuando actuamos por impaciencia, a menudo perdemos las bendiciones que provienen de esperar en el plan de Dios. Para Neftalí, la paciencia era una disciplina espiritual que le exigía dejar de lado sus deseos personales y confiar en que Dios le proporcionaría la solución adecuada en el momento adecuado. Esta confianza no era una fe ciega, sino que estaba arraigada en su comprensión del carácter de Dios como fiel, amoroso y justo.

Una de las lecciones clave que enseña la vida de Neftalí es la importancia de soportar las pruebas con esperanza. Las pruebas a menudo pueden parecer obstáculos que bloquean el camino hacia el progreso, pero también pueden ser oportunidades de crecimiento. A través de sus experiencias, Neftalí aprendió que esperar en Dios a menudo implica soportar dificultades con la seguridad de que Dios está obrando detrás de escena. Este tipo de resistencia fortalece la fe y forma el carácter, ayudando a los creyentes a acercarse más a Dios.

Cuando nos enfrentamos a desafíos, puede resultar tentador tomar el asunto en nuestras propias manos en lugar de esperar la intervención de Dios. La historia de Neftalí muestra que tales acciones pueden conducir a mayores dificultades. Al elegir esperar en Dios, Neftalí demostró una profunda confianza en que el tiempo de Dios era perfecto, incluso cuando no se alineaba con sus propios deseos. Su fe le permitió descansar sabiendo que Dios actuaría en el momento adecuado, trayendo resolución y paz.

La paciencia también requiere voluntad de dejar el control. La gente suele querer planificar sus vidas hasta el más mínimo detalle, pero Neftalí entendió que rendirse a la voluntad de Dios es la única manera de experimentar la verdadera paz. Esta entrega no significa darse por vencido o permanecer inactivo; significa buscar la guía de Dios a través de la oración, estudiar Su palabra y estar atento a la dirección del Espíritu Santo. La paciencia de Neftalí se basó en su relación con Dios, lo que le dio la fuerza para esperar incluso en tiempos difíciles.

Confiar en los tiempos de Dios a menudo implica un cambio de perspectiva. En lugar de centrarse en lo que parece retrasarse o negarse, Neftalí optó por centrarse en las bendiciones y lecciones que surgieron de la espera. Esta actitud de gratitud le ayudó a mantener la esperanza y el ánimo, incluso cuando el resultado era incierto. Los creyentes de hoy pueden aprender de este enfoque al buscar las formas en que Dios está obrando en sus vidas, incluso durante los períodos de espera.

La vida de Neftalí también demuestra que el tiempo de Dios no sólo es perfecto sino que tiene un propósito. Cada retraso, cada desafío y cada momento de espera sirvieron para prepararlo para lo que estaba por venir. Dios usa estos tiempos de espera para refinar a su pueblo, enseñándoles a confiar en Él y en su plan. Esta preparación a menudo es necesaria para ayudar a los creyentes a convertirse en las personas para las que Dios los creó. Neftalí entendió que confiar en el tiempo de Dios no se trataba de esperar pasivamente sino de crecer activamente en fe y obediencia.

Para los creyentes modernos, esperar el tiempo de Dios puede ser especialmente desafiante en un mundo que valora la gratificación instantánea. La paciencia a menudo se considera una debilidad más que una virtud, pero la historia de Neftalí nos recuerda que es una señal de madurez espiritual. Esperar en Dios es una manera de demostrar fe en Sus promesas y en Su capacidad para hacer que todas las cosas funcionen para bien. Es una declaración de que Dios es soberano y que vale la pena esperar por Su plan.

Durante tiempos de espera, es esencial permanecer conectados con Dios a través de la oración y la adoración. La fe de Neftalí se vio fortalecida por su constante comunicación con Dios, que le ayudó a permanecer paciente y esperanzado. Los creyentes de hoy pueden seguir su ejemplo buscando la presencia de Dios diariamente, encontrando aliento en Su palabra y confiando en Sus promesas. Esta conexión con Dios proporciona la fuerza y la perspectiva necesarias para soportar temporadas de espera.

Otra lección importante de la vida de Neftalí es que el tiempo de Dios a menudo es diferente de las expectativas humanas, pero siempre es mejor. Lo que puede parecernos un retraso es a menudo la forma en que Dios alinea las circunstancias para su propósito mayor. La confianza de Neftalí en el tiempo de Dios le permitió experimentar las bendiciones que se obtienen al esperar el plan de Dios en lugar de apresurarse a tomar decisiones.

Los creyentes pueden encontrar consuelo al saber que los planes de Dios son para su bien y que Su momento siempre es el adecuado.

La historia de Neftalí anima a los creyentes a confiar en que Dios está obrando, incluso cuando no es evidente de inmediato. Esperar en Dios es un acto de fe que requiere que los creyentes confíen en Sus promesas en lugar de en su propio entendimiento. Esta confianza puede transformar la forma en que los creyentes abordan los desafíos, permitiéndoles enfrentar las dificultades con confianza y esperanza.

La vida de Neftalí es un testimonio del poder de la paciencia y la confianza en los tiempos de Dios. Su historia desafía a los creyentes a examinar sus propias vidas y considerar si realmente confían en el plan de Dios. Siguiendo el ejemplo de Neftalí, los creyentes pueden aprender a esperar con fe, sabiendo que el tiempo de Dios es siempre perfecto y que Él está obrando para su bien.

Las lecciones de Neftalí sobre cómo confiar en los tiempos de Dios son tan relevantes hoy como lo fueron en su época. Su vida enseña que la paciencia no se trata sólo de esperar sino de confiar en la sabiduría y la bondad de Dios. Al abrazar esta confianza, los creyentes pueden experimentar la paz y el gozo que provienen de saber que Dios tiene el control y que Sus planes son siempre lo mejor. El ejemplo de Neftalí nos inspira a esperar con fe, esperanza y gratitud, confiados en el conocimiento de que el tiempo de Dios siempre es perfecto.

Fidelidad ante la adversidad

La historia de Neftalí es un ejemplo notable de fidelidad inquebrantable a Dios, incluso en medio de las dificultades. Su capacidad para mantener su devoción y lealtad a Dios durante las pruebas sirve como fuente de inspiración para creyentes de todas las edades. Nos recuerda que la fidelidad no depende de las circunstancias sino de una confianza profundamente arraigada en el carácter y las promesas de Dios.

Uno de los aspectos más sorprendentes de la fidelidad de Neftalí fue su compromiso con los mandamientos de Dios a pesar de los desafíos que enfrentó. Entendió que la adversidad no era un motivo para abandonar sus principios sino una oportunidad para demostrar su confianza en Dios. Esta perspectiva permitió a Neftalí permanecer firme, mostrando que la fidelidad es una elección intencional y no una reacción pasiva. Los creyentes modernos pueden aprender de esto al reconocer que los desafíos son a menudo una prueba de fe y brindan una oportunidad para acercarse a Dios.

La vida de Neftalí enseña que la fidelidad se basa en la confianza en la soberanía de Dios. Cuando enfrentó dificultades, no vaciló en su creencia de que Dios tenía el control y que Sus planes eran para bien. Esta confianza le dio a Neftalí la fuerza para aguantar, sabiendo que sus pruebas no eran insignificantes sino parte de un propósito mayor. Los creyentes de hoy pueden encontrar consuelo en esta verdad, al comprender que las dificultades no son señales de la ausencia de Dios, sino oportunidades para confiar más plenamente en Él.

Otra lección de la fidelidad de Neftalí es la importancia de permanecer conectado con Dios a través de la oración y la adoración. En tiempos difíciles, puede resultar tentador distanciarse de Dios, pero Neftalí optó por acercarse. Su relación con Dios fue su fuente de fortaleza, permitiéndole afrontar la adversidad con valentía y esperanza. Para los creyentes modernos, mantener una fuerte conexión con Dios es esencial para permanecer fieles durante las dificultades. Esto se puede hacer mediante la oración regular, el estudio de las Escrituras y la búsqueda del aliento de una comunidad de fe.

La fidelidad de Neftalí también resalta el valor de la perseverancia. No se dio por vencido ni se alejó de

Dios cuando las cosas se pusieron difíciles. En cambio, decidió confiar en que Dios le proporcionaría la fuerza que necesitaba para superar sus desafíos. Esta perseverancia es un recordatorio de que la fidelidad no se trata de ser perfecto sino de continuar confiando en Dios, incluso cuando sea difícil. Los creyentes pueden animarse al saber que Dios honra a quienes permanecen fieles y les brinda la gracia necesaria para perseverar.

Una de las lecciones más poderosas de la historia de Neftalí es su enfoque en las promesas de Dios en lugar de sus problemas. Eligió detenerse en la fidelidad de Dios y la esperanza de su liberación en lugar de ser consumido por sus luchas. Esta mentalidad le permitió a Neftalí permanecer fiel, incluso cuando las circunstancias parecían sombrías. Los creyentes modernos pueden aplicar esta lección cambiando su enfoque de sus desafíos a las promesas de Dios, encontrando esperanza y aliento en Su carácter inmutable.

Neftalí también demostró fidelidad a través de sus acciones. Vivió su compromiso con Dios tomando decisiones que reflejaban su confianza en Él. Esto muestra que la fidelidad no se trata sólo de creer sino de poner esa creencia en práctica. Ya sea mediante actos de bondad, obediencia a los mandamientos de Dios o manteniéndose firme frente a la oposición, las acciones de Neftalí fueron un testimonio de su fe. Los creyentes de hoy pueden seguir su ejemplo dejando que su fe guíe sus decisiones y acciones, incluso en tiempos difíciles.

Otro aspecto de la fidelidad de Neftalí fue su disposición a entregar sus propios planes a la voluntad de Dios. Entendió que la verdadera fidelidad significaba confiar en el plan de Dios, incluso cuando no se alineaba con sus propios deseos. Esta entrega requiere humildad y una profunda creencia de que los caminos de Dios son más elevados que los nuestros. Para los creyentes que enfrentan dificultades, rendirse a la voluntad de Dios puede ser uno de los actos de fidelidad más desafiantes pero gratificantes. Nos permite descansar en la seguridad de que Dios está obrando todas las cosas para bien.

La historia de Neftalí también enseña la importancia de la comunidad para permanecer fiel durante la adversidad. Sacó fuerza de la relación con su familia y su comunidad de fe, que lo apoyaron en su viaje. Los creyentes modernos pueden beneficiarse al rodearse de otras personas que comparten su fe, encontrando aliento y responsabilidad en tiempos de dificultad. Una comunidad de fe fuerte puede brindar el apoyo necesario para permanecer fiel al enfrentar los desafíos de la vida.

La fidelidad en la adversidad implica también un compromiso con la esperanza. La confianza de Neftalí en Dios le dio un sentimiento de esperanza que lo sostuvo a través de sus pruebas. Creía que valía la pena aferrarse a las promesas de Dios, incluso cuando las circunstancias sugirieran lo contrario. Esta esperanza es una parte vital de la fidelidad, ya que nos mantiene esperando la liberación y las bendiciones de Dios. Para los creyentes de hoy, cultivar la esperanza a través de la oración, las Escrituras y el compañerismo puede ayudarlos a permanecer fieles en tiempos difíciles.

La historia de Neftalí nos recuerda que la fidelidad tiene recompensa. Aunque enfrentó muchos desafíos, su confianza en Dios no fue en vano. La fidelidad de Dios a Neftalí sirve como recordatorio de que Él nunca abandona a quienes confían en Él. Incluso cuando las recompensas de la fidelidad no son evidentes de inmediato, los creyentes pueden estar seguros de que Dios ve su fe y la honrará en Su tiempo. Esta promesa puede animar a los creyentes a permanecer fieles, sabiendo que su perseverancia no es en vano.

La demostración de fidelidad de Neftalí frente a la adversidad es un poderoso ejemplo para los creyentes. Su confianza inquebrantable en Dios, su perseverancia a través de las pruebas y su compromiso con la voluntad de Dios muestran que la fidelidad es una elección que requiere intencionalidad y confianza en la fuerza de Dios. Al aplicar las lecciones de Neftalí, los creyentes modernos pueden aprender a permanecer fieles en tiempos difíciles, encontrando esperanza y aliento al saber que Dios siempre es fiel a sus promesas. La historia de Neftalí nos recuerda que incluso en las circunstancias más difíciles, la fidelidad a Dios es posible y gratificante.

CAPÍTULO 10

Gad: la fuerza de la unidad y la comunidad

El valor de los vínculos familiares y comunitarios

La historia de Gad en el Testamento de los Doce Patriarcas revela el poderoso papel de la familia y la comunidad en la formación de valores, la prestación de apoyo y el fomento de la unidad. A lo largo de su vida, Gad demostró un fuerte compromiso con su familia y su tribu, mostrando cómo las relaciones con los demás pueden guiar las decisiones y sostener a las personas a través de los desafíos. Su vida sirve como ejemplo de las bendiciones y responsabilidades que conlleva pertenecer a una comunidad y ofrece lecciones valiosas para los creyentes de hoy.

Un aspecto importante de la vida de Gad fue su dedicación a mantener los lazos familiares, incluso frente al conflicto. Las relaciones dentro de su familia no siempre fueron armoniosas, pero Gad reconoció la importancia de preservar la unidad. Entendió que la familia es un regalo de Dios, destinado a brindar amor, guía y responsabilidad. Esta perspectiva le ayudó a resolver disputas y buscar la reconciliación. Para los creyentes modernos, esto enfatiza el valor de priorizar las relaciones sobre el orgullo o los agravios personales, entendiendo que vale la pena cuidar y proteger las conexiones familiares.

Gad también vio a su comunidad como una fuente de fortaleza e identidad. Su afiliación tribal no era sólo una etiqueta sino una conexión profundamente arraigada que le daba un sentido de pertenencia. Valoraba las tradiciones, creencias y sistemas de apoyo compartidos que brindaba su comunidad. Esta fuerte conexión influyó en sus decisiones, ya que a menudo actuaba pensando en el bienestar de su tribu. Los creyentes de hoy pueden inspirarse en esto reconociendo la importancia de participar activamente en sus comunidades. Ya sea a través de una iglesia, un vecindario u otro grupo, la participación en una comunidad de apoyo puede brindar aliento, responsabilidad y un sentido de propósito compartido.

La vida de Gad destaca el papel de la comunidad a la hora de proporcionar orientación y sabiduría. A lo largo de su viaje, Gad se benefició de los consejos y enseñanzas de sus mayores, quienes lo ayudaron a afrontar los desafíos y tomar decisiones acertadas. Esta confianza en la sabiduría comunitaria subraya la importancia de buscar consejo de otros, particularmente de aquellos con más experiencia o madurez espiritual. Para los creyentes modernos, sirve como un recordatorio de que Dios a menudo usa a las personas que nos rodean para guiarnos y apoyarnos. Establecer relaciones con mentores y asesores confiables puede ayudar a las personas a crecer espiritualmente y tomar mejores decisiones.

El compromiso de Gad con la familia y la comunidad también implicaba un sentido de responsabilidad. Entendió que ser parte de un grupo significaba contribuir a su bienestar y éxito. Este sentido del deber lo motivó a actuar de manera que beneficiara a los demás, incluso cuando requiriera sacrificio personal. Para los creyentes de hoy, este es un llamado a reconocer que sus acciones tienen un impacto en quienes los rodean. Al priorizar las necesidades de los demás y contribuir al bien común, las personas pueden fortalecer sus comunidades y reflejar el amor de Dios.

Una lección de la vida de Gad es la importancia del perdón para mantener la unidad. Como muchas familias y comunidades, las relaciones de Gad no estuvieron libres de conflictos. Sin embargo, aprendió que aferrarse a la ira y el resentimiento podría dañar no sólo a él mismo sino también a quienes lo rodeaban. Su disposición a buscar y ofrecer perdón ayudó a restaurar relaciones rotas y fomentar la armonía. Los creyentes pueden aplicar esta lección eligiendo el perdón en lugar de la amargura, entendiendo que la reconciliación es esencial para tener relaciones sanas.

Otro aspecto de la historia de Gad es la forma en que valoraba el culto colectivo y la fe compartida. Su comunidad estaba unida no sólo por lazos de sangre sino también por una creencia común en Dios. Esta fe compartida proporcionó una base para su unidad y una fuente de fortaleza durante tiempos difíciles. La participación de Gad en el culto comunitario y su adhesión a prácticas espirituales compartidas demuestran la importancia de adorar juntos como comunidad. Para los creyentes modernos, esto resalta el valor de reunirse con otros para alabar a Dios, compartir Su Palabra y animarse unos a otros en la fe.

La historia de Gad también enfatiza la importancia de celebrar y preservar las tradiciones. Entendió que las costumbres y prácticas transmitidas de generación en generación eran una parte vital de la identidad de su comunidad. Al honrar estas tradiciones, ayudó a fortalecer los vínculos dentro de su tribu y aseguró que se preservara su herencia compartida. Los creyentes de hoy pueden aprender de esto valorando las tradiciones que los conectan con su fe y su comunidad, y al mismo tiempo estando abiertos a adaptarlas de manera que las mantengan relevantes y significativas.

No se puede pasar por alto el papel del apoyo mutuo en la vida de Gad. Experimentó los beneficios de una comunidad que se preocupaba unos por otros, ya sea compartiendo recursos, ofreciendo aliento o permaneciendo unidos en tiempos difíciles. Este apoyo mutuo creó una sensación de seguridad y pertenencia que ayudó a Gad a prosperar. Para los creyentes, esto subraya la importancia de cuidarse unos a otros y estar dispuestos a echar una mano.

Los actos de bondad y generosidad no sólo fortalecen las relaciones sino que también reflejan el amor de Dios por el mundo.

El compromiso de Gad con la familia y la comunidad también implicó enseñar y transmitir valores a la próxima generación. Reconoció que su papel como miembro de la tribu incluía ayudar a los miembros más jóvenes a comprender su herencia y sus responsabilidades. Al ser mentor y guiar a otros, Gad se aseguró de que los valores y creencias de su comunidad perduraran. Esto sirve como recordatorio a los creyentes de la importancia de invertir en la próxima generación, ya sea enseñando a los niños, asesorando a los jóvenes o modelando un comportamiento cristiano para que otros lo sigan.

En la vida moderna, las lecciones de la historia de Gad siguen siendo profundamente relevantes. A medida que las sociedades se vuelven cada vez más individualistas, a veces se puede pasar por alto la importancia de la familia y la comunidad. El ejemplo de Gad desafía a los creyentes a priorizar las relaciones, buscar la unidad e invertir en el bienestar de quienes los rodean. Al fomentar vínculos fuertes dentro de las familias y comunidades, las personas pueden crear un sistema de apoyo que refleje el diseño de Dios para la conexión humana.

La vida de Gad demuestra la fortaleza que surge de valorar los vínculos familiares y comunitarios. Su compromiso de preservar la unidad, buscar el perdón y contribuir al bienestar de los demás proporciona un modelo para vivir en armonía con quienes nos rodean. Los creyentes modernos pueden aplicar estas lecciones dando prioridad a las relaciones, buscando consejo y apoyo y participando activamente en sus comunidades. A través de estas acciones, pueden experimentar las bendiciones de la unidad y reflejar el amor de Dios en sus vidas y relaciones.

Superar la división mediante la comprensión

La vida de Gad proporciona información valiosa para superar la división dentro de las comunidades adoptando la comprensión y la empatía. Su historia muestra cómo se puede restaurar la unidad cuando las personas priorizan las relaciones sobre los conflictos, se escuchan activamente unos a otros y buscan la reconciliación. Estas lecciones son vitales para los creyentes de hoy mientras navegan por las divisiones en familias, iglesias y comunidades más grandes.

La comprensión es el primer paso hacia la curación de las divisiones. Gad reconoció que muchos conflictos surgieron de malentendidos o falta de comunicación. Aprendió que tomarse el tiempo para comprender las perspectivas de los demás puede ayudar a descubrir las causas fundamentales de los desacuerdos. Al escuchar sin juzgar, Gad demostró la importancia de acercarse a los demás con un deseo genuino de comprender sus sentimientos y motivaciones. Para los creyentes, esto significa dejar de lado las suposiciones y hacer un esfuerzo por comprender las experiencias y preocupaciones de los demás. Es a través de esta apertura que se plantan las semillas de la unidad.

La empatía está estrechamente vinculada a la comprensión y juega un papel central en la resolución de divisiones. La vida de Gad ilustra que la empatía implica algo más que simplemente comprender la perspectiva de otra persona: requiere sentir compasión por sus luchas y estar dispuesto a compartir sus cargas. Reconoció que su familia y los miembros de su comunidad no eran perfectos, pero al sentir empatía por su dolor y sus desafíos, pudo superar sus propios agravios. Los creyentes modernos pueden seguir este ejemplo y optar por ver los conflictos desde una perspectiva compasiva, lo que ayuda a construir puentes y derribar barreras.

Abordar la división a menudo requiere humildad, un rasgo que Gad ejemplificó. Entendió que aferrarse al orgullo y a la necesidad de tener razón podía impedir la reconciliación. Al humillarse y reconocer sus propios defectos, pudo abordar los conflictos con la voluntad de llegar a acuerdos y buscar puntos en común. Esta humildad creó una atmósfera en la que otros se sentían seguros de hacer lo mismo. Para los creyentes, practicar la humildad significa admitir cuando se equivocan, valorar las relaciones por encima del orgullo personal y estar dispuestos a hacer sacrificios por el bien de la unidad.

El perdón es otra lección clave de la historia de Gad. Reconoció que aferrarse al resentimiento sólo profundizaba las divisiones y causaba más daño. Al elegir perdonar a quienes le habían hecho daño, Gad dio un ejemplo de cómo dejar ir la ira y la amargura puede crear un espacio para la curación. El perdón no significa ignorar las malas acciones, sino más bien liberar el deseo de venganza y buscar la restauración. Los creyentes pueden abrazar este principio entendiendo que el perdón es un regalo que libera tanto al perdonador como al perdonado, allanando el camino para la reconciliación.

La paciencia también es esencial para superar la división. Gad aprendió que sanar las relaciones a menudo requiere tiempo y esfuerzo constante. Los conflictos rara vez se resuelven de la noche a la mañana y reconstruir la confianza puede ser un proceso gradual. Al ser paciente y comprometido, Gad pudo reparar las relaciones fracturadas dentro de su familia y comunidad. Los creyentes de hoy pueden aprovechar este ejemplo siendo pacientes con los demás, dando tiempo para que sanen las heridas y continuando trabajando hacia la unidad incluso cuando el progreso parezca lento.

La comunicación juega un papel vital a la hora de fomentar la comprensión y la resolución de conflictos. Gad entendió la importancia del diálogo abierto y honesto para abordar las divisiones. Animó a los miembros de la familia y la comunidad a compartir sus pensamientos y sentimientos, creando un ambiente donde todos se sintieran escuchados y valorados. Este enfoque redujo los malentendidos y permitió conversaciones constructivas. Los creyentes pueden adoptar esta práctica dando prioridad a una comunicación clara y respetuosa, escuchando activamente a los demás y expresándose de maneras que promuevan la paz en lugar de aumentar las tensiones.

La unidad se fortalece cuando los individuos se centran en valores compartidos y objetivos comunes. Gad enfatizó la importancia de recordar los vínculos que mantenían unidas a su familia y a su comunidad, como su fe compartida en Dios y su compromiso con el bienestar mutuo. Al centrarse en estos factores unificadores, pudo guiar a su comunidad más allá de sus diferencias y hacia la colaboración. Los creyentes pueden aplicar este principio identificando y enfatizando los puntos comunes que comparten con los demás, lo que puede servir como base para resolver conflictos.

La reconciliación a menudo requiere acciones intencionales para reparar relaciones rotas. Gad lo demostró tomando medidas proactivas para enmendar y restaurar la confianza. Comprendió que no bastaba con reconocer una división; la curación requirió esfuerzo y compromiso. Los creyentes pueden seguir su ejemplo acercándose a aquellos con quienes tienen conflictos, tratando de comprender su perspectiva y trabajando juntos para encontrar soluciones. Pequeños actos de bondad y gestos de buena voluntad también pueden ser de gran ayuda para mejorar las relaciones.

La vida de Gad también resalta la importancia de confiar en la guía de Dios para resolver las divisiones. A menudo recurría a la oración y buscaba la sabiduría de Dios cuando enfrentaba conflictos. Esta confianza en la dirección divina le ayudó a actuar con gracia y discernimiento, incluso en situaciones difíciles. Los creyentes de hoy pueden aprender de esto involucrando a Dios en sus esfuerzos por sanar las divisiones. A través de la oración, pueden buscar la fuerza, la sabiduría y la paciencia necesarias para navegar relaciones complejas y fomentar la unidad.

El papel del liderazgo en la superación de la división es otra lección importante de la historia de Gad. Entendió que, como líder de su familia y comunidad, sus acciones eran un ejemplo a seguir para otros. Al demostrar comprensión, empatía y perdón, inspiró a quienes lo rodeaban a hacer lo mismo. Los creyentes modernos, ya sea que desempeñen roles de liderazgo formal o no, pueden influir en sus comunidades modelando estas virtudes y alentando a otros a priorizar la unidad.

Superar la división no se trata sólo de resolver conflictos sino también de construir una cultura de comprensión y empatía que prevenga divisiones futuras. Gad trabajó para crear un ambiente donde los miembros de su comunidad se sintieran valorados y respetados, lo que redujo la probabilidad de futuras disputas. Los creyentes pueden adoptar este enfoque fomentando relaciones basadas en el respeto mutuo, la confianza y el propósito compartido. Al crear una cultura de unidad, pueden fortalecer a sus familias y comunidades y reflejar el amor de Dios al mundo.

El ejemplo de Gad enseña que superar la división requiere comprensión, empatía, humildad y un compromiso con la reconciliación. Al escuchar a los demás, mostrar compasión y priorizar las relaciones, los creyentes pueden sanar las divisiones y fomentar la unidad. Estos principios, arraigados en la fe y el amor, proporcionan un camino para restaurar la armonía en las familias y comunidades y construir una base más sólida para el futuro.

El llamado de Gad a la hermandad en la fe

El llamado de Gad a la hermandad en la fe es un profundo recordatorio de la importancia de la unidad, el apoyo y el cuidado mutuo dentro de las comunidades espirituales. En sus enseñanzas, Gad enfatizó el poder de las relaciones sólidas basadas en la fe compartida y el valor de fomentar un espíritu de cooperación entre los creyentes. Estas lecciones tienen una relevancia eterna y brindan orientación para fortalecer los vínculos en el mundo diverso y a menudo dividido de hoy.

La hermandad en la fe comienza con el reconocimiento de la identidad compartida que surge de ser parte de la familia de Dios. Gad entendió que cada miembro de su comunidad tenía un papel único que desempeñar, pero estaban unidos por su fe y su compromiso con el pacto de Dios. Este sentido de pertenencia ayudó a las personas a verse a sí mismas como parte de algo más grande que sus vidas personales. Los creyentes modernos pueden aprovechar esto adoptando la idea de que son parte de una familia espiritual que se extiende más allá de las diferencias personales, las fronteras nacionales o los antecedentes culturales. Reconocer esta identidad compartida sienta las bases para vínculos más fuertes y un sentido de hermandad más inclusivo.

Fomentar el apoyo mutuo es otro elemento clave del llamado de Gad a la hermandad. Destacó la importancia de que los creyentes se apoyen unos a otros en tiempos de necesidad, ofreciendo ayuda, aliento y orientación. Este apoyo mutuo no sólo fortalece a los miembros individuales sino que también fortalece a la comunidad en su conjunto. Los creyentes de hoy pueden aplicar esto siendo intencionales ayudar a otros dentro de sus comunidades de fe, ya sea a través de actos de bondad, escuchando a quienes están luchando u ofreciendo asistencia práctica. Estos gestos crean una cultura de cuidado y demuestran el amor de Dios en acción.

Gad también enfatizó la importancia del perdón y la reconciliación para mantener la hermandad. Los conflictos y malentendidos son inevitables en cualquier comunidad, pero Gad enseñó que albergar resentimiento o permitir que las divisiones se agraven debilita los lazos de la fe. En cambio, alentó un espíritu de perdón y una voluntad de reconciliación, incluso cuando era difícil. Para los creyentes modernos, esto significa elegir dejar de lado los rencores y trabajar activamente para mejorar las relaciones. Al priorizar el perdón y centrarse en la fe compartida, las comunidades pueden superar los obstáculos y fortalecerse juntas.

El principio de humildad es central en las enseñanzas de Gad sobre la hermandad. Reconoció que el orgullo y el interés propio a menudo obstaculizan la unidad y provocan divisiones y conflictos. El ejemplo de Gad recuerda a los creyentes la importancia de anteponer las necesidades de los demás a las propias y abordar las relaciones con un espíritu de humildad. Esto implica escuchar a los demás con el corazón abierto, valorar sus contribuciones y reconocer que todos tienen algo que ofrecer. Cuando los creyentes priorizan la humildad, crean un ambiente donde todos se sienten valorados y respetados, lo que fomenta conexiones y confianza más profundas.

Celebrar la diversidad dentro de la comunidad es otra lección de las enseñanzas de Gad. Entendió que cada individuo aporta fortalezas, talentos y perspectivas únicas que contribuyen al bienestar general del grupo. En lugar de permitir que las diferencias se convirtieran en fuentes de división, Gad alentó a su comunidad a aceptar y celebrar estas diferencias como regalos de Dios. Los creyentes de hoy pueden aplicar esto apreciando la diversidad dentro de sus comunidades espirituales y buscando maneras de aprender unos de otros y apoyarse unos a otros. Al centrarse en lo que une y no en lo que divide, pueden crear un entorno más rico y armonioso.

El llamado de Gad a la hermandad también incluía la idea de responsabilidad compartida. Creía que cada miembro de la comunidad tenía un papel que desempeñar en la defensa de los valores de la fe y la contribución al bien común. Este sentido de responsabilidad compartida anima a los creyentes a asumir un papel activo en sus comunidades, ya sea enseñando, sirviendo o simplemente estando presentes para los demás. Los creyentes modernos pueden abrazar este principio reconociendo sus dones únicos y usándolos para beneficiar a su familia espiritual. Esto no sólo fortalece a la comunidad sino que también profundiza su propia fe y sentido de propósito.

La oración y la adoración eran centrales en la visión de hermandad de Gad. Enseñó que reunirse para buscar la guía de Dios, ofrecer alabanza y compartir prácticas espirituales fortaleció los vínculos entre los creyentes. Estas experiencias compartidas fomentaron un sentido de unidad y recordaron a la comunidad sus objetivos y valores comunes. Para los creyentes de hoy, participar en la adoración y la oración colectivas puede ser una manera poderosa de construir conexiones y reforzar su compromiso mutuo y con Dios. Es en estos momentos de devoción compartida cuando se siente más profundamente el espíritu de hermandad.

Otra lección de las enseñanzas de Gad es la importancia de permanecer unidos durante los desafíos. Animó a su familia y comunidad a permanecer unidas ante la adversidad, sabiendo que su fuerza provenía de la unidad. Cuando un miembro enfrentó una prueba, los demás se unieron a él, ofreciéndole apoyo y aliento. Esta solidaridad no sólo ayudó a las personas a soportar las dificultades sino que también fortaleció a toda la comunidad. Los creyentes de hoy pueden aplicar esto estando ahí unos para otros en tiempos de crisis, ofreciendo apoyo tanto práctico como emocional. Al permanecer juntos, encarnan el amor y la fuerza que provienen de la fe.

El ejemplo de Gad también resalta el papel de la tutoría y la enseñanza en el fomento de la hermandad. Se tomó el tiempo para compartir su sabiduría y experiencias con su familia, guiándolos en su viaje espiritual. Este acto de tutoría creó una sensación de continuidad y ayudó a transmitir los valores de la fe a la siguiente generación. Los creyentes de hoy pueden seguir este ejemplo asesorando a otros dentro de sus comunidades, compartiendo sus conocimientos y ayudando a nutrir el crecimiento espiritual de quienes los rodean. Esta inversión en los demás fortalece los lazos de hermandad y asegura que los valores de la fe se lleven adelante.

Las enseñanzas de Gad recuerdan a los creyentes el objetivo final de la hermandad: reflejar el amor de Dios al mundo. Al fomentar la unidad, el apoyo y el cuidado dentro de sus comunidades, los creyentes se convierten en un testimonio vivo del amor y la gracia de Dios. Este testimonio no sólo fortalece su fe sino que también sirve como un poderoso ejemplo para otros, atrayéndolos hacia la luz de Dios. Para los creyentes modernos, esto significa esforzarse por encarnar los principios de la hermandad en cada interacción, tanto dentro como más allá de sus comunidades espirituales. Al hacerlo, cumplen su llamado de ser una luz en el mundo y una fuente de esperanza y sanación.

El llamado de Gad a la hermandad en la fe es un recordatorio eterno de la importancia de la unidad, el apoyo y el cuidado mutuo dentro de las comunidades espirituales. Sus enseñanzas alientan a los creyentes a priorizar las relaciones, aceptar la diversidad y permanecer unidos en la fe. Al aplicar estas lecciones en sus propias vidas, los creyentes pueden fortalecer sus comunidades, profundizar su fe y reflejar el amor de Dios al mundo que los rodea.

CAPÍTULO 11

Aser: gozo y bendición mediante la obediencia

Comprender el gozo de obedecer a Dios

En el Testamento de los Doce Patriarcas, la vida de Aser proporciona un poderoso ejemplo del gozo y las bendiciones que se obtienen al obedecer a Dios. A menudo se ve a Asher como un modelo de fidelidad y devoción a los mandamientos de Dios, y su historia ofrece lecciones importantes sobre la profunda satisfacción y paz que trae la obediencia. Comprender el gozo de Aser a través de la obediencia puede ayudar a los creyentes modernos a apreciar el valor de seguir los caminos de Dios, incluso en un mundo donde la disciplina espiritual a veces se cuestiona o se pasa por alto.

Uno de los elementos clave de la vida de Aser es la idea de que la obediencia a Dios está directamente relacionada con el gozo. El compromiso de Asher de vivir según la voluntad de Dios le trajo paz y contentamiento, y estas bendiciones se reflejaron no sólo en su vida personal, sino también en el bienestar de su familia y su tribu. En el mundo actual, muchas personas ven la obediencia como un conjunto de restricciones o cargas. Sin embargo, el ejemplo de Aser nos enseña que la obediencia no se trata de limitaciones; se trata de libertad. Cuando las personas viven en alineación con los propósitos de Dios, experimentan la verdadera libertad que proviene de saber que están caminando en la dirección correcta. Esta libertad trae gozo porque elimina el caos y la confusión que a menudo surgen al ir en contra de la voluntad de Dios.

La historia de Asher nos recuerda que la obediencia conduce a una sensación de plenitud profunda y duradera. Obedecer a Dios no siempre es fácil, pero conduce al gozo duradero que proviene de vivir una vida con propósito. En un mundo que a menudo parece promover la gratificación instantánea y la búsqueda de deseos egoístas, la idea de encontrar alegría a través de la obediencia puede parecer contradictoria. Sin embargo, la vida de Aser ilustra que el verdadero gozo proviene de hacer lo correcto a los ojos de Dios, no de seguir placeres fugaces. Cuando los creyentes priorizan la obediencia a Dios, están invirtiendo en un gozo que las circunstancias no pueden quitar.

Las bendiciones que recibió Aser por su obediencia también fueron evidentes en la prosperidad y paz de sus descendientes. Dios le prometió a Aser que su familia y su tribu disfrutarían del fruto de su trabajo y serían conocidos por su fuerza y felicidad. Esto muestra que la obediencia no sólo trae alegría personal sino que también impacta a los demás. Al vivir según los mandamientos de Dios, Asher trajo bendiciones a su comunidad. Los creyentes modernos pueden aprender de esto al comprender que su obediencia a Dios puede tener un efecto dominó, influyendo positivamente en sus familias, amigos e incluso en sus comunidades en general. Cuando una persona elige vivir fielmente, puede inspirar a otros a hacer lo mismo, creando un ciclo de bendiciones.

Uno de los desafíos que enfrentan muchas personas al encontrar gozo en la obediencia es la tentación de compararse con los demás. En un mundo donde el éxito material, la popularidad y los logros personales a menudo se celebran, puede ser fácil pensar que la obediencia a Dios no conduce a las mismas recompensas. Sin embargo, la historia de Aser enseña que las bendiciones de la obediencia a menudo son diferentes de lo que el mundo podría esperar. No se trata necesariamente de riqueza o estatus, sino de paz, propósito y una conciencia tranquila. Los creyentes modernos pueden encontrar gozo en esta comprensión al alejar su enfoque de las definiciones mundanas de éxito y, en cambio, encontrar satisfacción al saber que están cumpliendo la voluntad de Dios para sus vidas.

El ejemplo de Asher también enfatiza que la obediencia no se trata sólo de seguir reglas, sino de construir una relación con Dios. La obediencia surge del amor y la confianza, no del miedo o la obligación. El gozo de Aser provino de su profunda relación con Dios y su deseo de honrar a Dios a través de sus acciones. Esto enseña a los creyentes modernos que la obediencia no se trata de seguir reglas estrictas sino de responder al amor de Dios con un corazón dispuesto. Cuando los creyentes comprenden que la obediencia es una expresión de amor, resulta más fácil encontrar gozo al seguir la guía de Dios. Transforma la obediencia de algo oneroso a algo que profundiza la relación con Dios y trae gozo tanto al individuo como a Dios.

Otra lección importante de la vida de Asher es que el gozo en la obediencia viene con el entendimiento de que los caminos de Dios siempre son los mejores. En el mundo actual, muchas personas cuestionan la disciplina espiritual y se preguntan si vale la pena el esfuerzo. La obediencia de Aser muestra que los mandamientos de Dios no son arbitrarios sino que se dan por amor y cuidado de Su pueblo. Cuando los creyentes confían en que los caminos de Dios conducen al mejor resultado posible, pueden encontrar gozo al seguirlos. La vida de Aser demuestra que las instrucciones de Dios están destinadas a guiar a las personas a una vida plena, rica y significativa. Cuando los creyentes adoptan esta perspectiva, pueden encontrar gozo en la obediencia porque comprenden que conduce a su mayor bien.

El gozo de la obediencia también está vinculado a la paz que proviene de saber que uno está haciendo lo correcto. Asher experimentó una sensación de paz en su vida porque siguió la guía de Dios. Esta paz no se basa en las circunstancias, sino en la profunda seguridad que proviene de vivir en armonía con la voluntad de Dios. Los creyentes modernos pueden experimentar esta paz tomando decisiones que se alineen con las enseñanzas de Dios, incluso cuando esas decisiones sean difíciles o impopulares. Esta paz es una recompensa en sí misma, ya que brinda una sensación de calma y seguridad en medio de los desafíos de la vida.

Además, la vida de Aser demuestra la importancia de la coherencia en la obediencia. Su gozo no procedía de actos ocasionales de obediencia sino de un patrón constante de vivir según la voluntad de Dios. Esto enseña a los creyentes modernos que la obediencia no se trata sólo de esfuerzos ocasionales sino de convertirlo en un estilo de vida. Cuando la obediencia se convierte en una parte habitual de la vida de uno, resulta más fácil experimentar el gozo y las bendiciones que la acompañan. La obediencia constante ayuda a desarrollar la resiliencia espiritual, lo que facilita navegar situaciones difíciles y permanecer fiel a los caminos de Dios.

La historia de Asher ilustra que la obediencia es un camino hacia el crecimiento espiritual. A medida que los creyentes obedecen a Dios, se vuelven más sintonizados con Su voz y con Sus planes para sus vidas. Este proceso de crecimiento conduce a una comprensión más profunda de la voluntad de Dios y a una fe más fuerte y madura. La obediencia de Aser le permitió experimentar este crecimiento, y los creyentes modernos pueden esperar el mismo resultado cuando se comprometen a seguir la guía de Dios. La obediencia abre la puerta a la transformación espiritual, llevando a los creyentes a una vida más plena y gozosa.

La vida de Aser es un testimonio poderoso del gozo y las bendiciones que provienen de la obediencia a Dios. Al confiar en la sabiduría de Dios, construir una relación con Él y seguir constantemente Su guía, los creyentes modernos pueden experimentar el mismo gozo y paz que encontró Aser. La obediencia no se trata de restricción sino de libertad, no de obligación sino de amor. A medida que los creyentes elijan seguir los caminos de Dios, encontrarán gozo que perdura más allá de las circunstancias y bendiciones que impactan no solo sus propias vidas, sino también las vidas de quienes los rodean.

El énfasis de Asher en la prosperidad mediante una vida recta

La vida de Aser, tal como se describe en el Testamento de los Doce Patriarcas, enfatiza la conexión entre una vida recta y la prosperidad. Sus bendiciones resaltan la profunda verdad de que vivir en alineación con la voluntad de Dios puede conducir al verdadero éxito y realización. Al examinar las enseñanzas de Aser, podemos entender cómo la prosperidad no se trata solo de riqueza material, sino de vivir una vida que refleje la bondad y el cuidado de Dios. Este concepto es importante para los creyentes de hoy que buscan vivir en armonía con el plan de Dios y recibir las bendiciones espirituales y materiales que fluyen de la justicia.

La Biblia enseña que la prosperidad es el resultado de vivir rectamente y seguir los mandamientos de

Dios. La prosperidad en este contexto no se limita al éxito financiero, sino que abarca bienestar, paz, crecimiento espiritual y vida abundante. La vida de Asher sirve como testimonio de esta comprensión más amplia de la prosperidad. Experimentó bendiciones en su vida porque eligió seguir los caminos de Dios, lo que resultó en una vida marcada por la paz y la alegría. El ejemplo de Aser muestra que la justicia produce una sensación de plenitud y plenitud que la riqueza por sí sola no puede proporcionar. La prosperidad que proviene de Dios tiene sus raíces en la paz, el gozo y las bendiciones de vivir en alineación con Su voluntad.

En la Biblia, la prosperidad a menudo está relacionada con la obediencia a los mandamientos de Dios. El Antiguo Testamento, por ejemplo, muestra repetidamente cómo a los israelitas se les prometieron bendiciones cuando seguían los caminos de Dios, y maldiciones cuando se alejaban de Él. En Deuteronomio 28, Dios promete prosperidad, abundancia y protección a los israelitas si obedecen sus leyes. Esta conexión entre obediencia y prosperidad resalta que vivir de una manera que agrada a Dios conduce a bendiciones tanto espirituales como materiales. En el Nuevo Testamento, Jesús enseña que Dios recompensa a quienes buscan primero su reino y su justicia (Mateo 6:33). La prosperidad que proviene de seguir a Dios no siempre es inmediata, pero es duradera y mucho más satisfactoria que la riqueza material temporal.

Las enseñanzas de Asher recalcan la importancia de vivir con rectitud en todos los ámbitos de la vida. Cuando los creyentes eligen vivir según la voluntad de Dios, se alinean con Su propósito, que trae paz y prosperidad. De la misma manera que Aser fue bendecido con abundancia y prosperidad debido a su fidelidad a Dios, a los creyentes de hoy se les prometen bendiciones similares cuando caminan en rectitud. Estas bendiciones no siempre se ven inmediatamente en forma de riqueza material, pero a menudo se manifiestan de maneras más duraderas y significativas, como crecimiento espiritual, relaciones fortalecidas y paz interior.

Para los creyentes de hoy, abrazar la prosperidad a través de una vida recta comienza con la comprensión de que la verdadera prosperidad es más de lo que el mundo define como éxito. La sociedad a menudo equipara la prosperidad con la riqueza, la fama y las posesiones. Sin embargo, la prosperidad bíblica implica vivir de acuerdo con el propósito de Dios para la vida. Cuando los creyentes caminan en rectitud, experimentan una paz que trasciende las circunstancias y un gozo que no depende de factores externos. Esta prosperidad más profunda, que proviene de conocer y seguir a Dios, enriquece sus vidas de maneras que la riqueza material no puede.

Otro aspecto de la prosperidad a través de una vida recta es que está ligado a la salud de las relaciones. Las bendiciones de Aser no fueron sólo personales sino que se extendieron a su familia y a sus descendientes. Una vida recta crea un ambiente en el que las relaciones pueden florecer, marcadas por el amor, el respeto y la unidad. Cuando las personas eligen vivir de acuerdo con los mandamientos de Dios, es más probable que experimenten relaciones positivas y amorosas con los demás. En el mundo actual, muchas personas buscan la prosperidad a través del estatus o las posesiones materiales, pero la verdadera prosperidad también se puede encontrar en relaciones basadas en la confianza, el respeto y el amor, que provienen de vivir con rectitud.

La prosperidad espiritual también está estrechamente relacionada con un profundo sentido de realización y propósito. Cuando los creyentes viven en obediencia a Dios, experimentan un sentido de propósito y dirección en sus vidas. Este tipo de prosperidad se encuentra en la satisfacción que se obtiene al saber que la vida de uno se utiliza para los propósitos de Dios. En contraste con el gozo fugaz que surge de perseguir el éxito material, la prosperidad espiritual proporciona paz y satisfacción duraderas. A medida que los creyentes se concentran en vivir su fe con integridad, son bendecidos con un sentido de propósito que da sentido a su vida diaria.

Los creyentes de hoy pueden abrazar las bendiciones que provienen de una vida recta si primero buscan una relación con Dios. La prosperidad comienza con la elección fundamental de vivir en alineación con la voluntad de Dios. Esto implica leer la Biblia, orar y buscar la guía de Dios en cada área de la vida. Cuanto más crecen los creyentes en su relación con Dios, más comienzan a experimentar la prosperidad que proviene de caminar en rectitud. Este no es un proceso fácil y requiere disciplina, pero conduce a una vida más profunda y satisfactoria.

Vivir con rectitud también significa tomar decisiones que honren a Dios en todos los ámbitos de la vida. Esto incluye ser honesto, generoso, amable y justo en nuestro trato con los demás. También significa permanecer fiel en tiempos difíciles y elegir confiar en las promesas de Dios. Cuando los creyentes toman estas decisiones, invitan las bendiciones de Dios a sus vidas. Como muestra el ejemplo de Aser, la justicia trae no sólo paz personal sino también prosperidad en forma de gozo, estabilidad y bienestar para quienes eligen seguir a Dios.

Además, los creyentes pueden abrazar la prosperidad espiritual sirviendo a los demás y ayudando a los necesitados. Jesús enseñó que es más bienaventurado dar que recibir (Hechos de los Apóstoles 20:35), y servir a los demás es una parte clave de vivir con rectitud. Cuando los creyentes sirven a los demás, reflejan el amor y la generosidad de Dios, lo que conduce al crecimiento espiritual y a las bendiciones. Ayudar a los demás puede generar una sensación de plenitud y alegría que no se puede encontrar únicamente en la riqueza material. La vida de Asher, marcada por su compromiso con su familia y su comunidad, muestra que la verdadera prosperidad no se trata sólo de ganancias personales sino de impactar positivamente las vidas de los demás.

Además, la prosperidad a través de una vida recta implica confiar en los tiempos de Dios. Las bendiciones de Aser vinieron no sólo por su obediencia sino también por su paciencia y confianza en Dios. Los creyentes de hoy pueden experimentar prosperidad esperando el tiempo perfecto de Dios y entendiendo que Sus planes para ellos son buenos. A veces, la prosperidad puede no llegar en la forma o en el momento que esperamos, pero confiar en Dios garantiza que los creyentes recibirán sus bendiciones a su debido tiempo.

La vida de Aser enseña que la prosperidad proviene de vivir de acuerdo con la voluntad de Dios, y que esta prosperidad es más que solo riqueza material. Incluye crecimiento espiritual, plenitud, paz y fortaleza de las relaciones. Al adoptar una vida recta, los creyentes de hoy pueden experimentar verdadera prosperidad, que trasciende la definición mundial de éxito. Las bendiciones de vivir en alineación con la voluntad de Dios son profundamente satisfactorias y mucho más duraderas que cualquier cosa que el mundo pueda ofrecer. Así como la vida de Aser estuvo marcada por la prosperidad a través de la obediencia, los creyentes de hoy pueden esperar experimentar las mismas bendiciones mientras caminan fielmente con Dios.

Convertirse en un faro de bendición para los demás

La vida de Aser proporciona un poderoso ejemplo de cómo los creyentes pueden convertirse en una fuente de bendición para los demás al vivir cualidades de generosidad, fidelidad y bondad. Su vida muestra que las bendiciones no son sólo para disfrute personal sino que también deben compartirse con los demás. A través del ejemplo de Asher, vemos que cuando las personas viven fiel y generosamente, pueden impactar a sus familias, comunidades y lugares de trabajo de manera significativa, convirtiéndose en un faro de esperanza e inspiración para los demás.

Uno de los aspectos clave de la vida de Asher fue su disposición a bendecir a otros a través de sus acciones y actitud. Asher no se centró sólo en su propio bienestar; se preocupaba por las necesidades de su familia y su tribu, asegurándose de que tuvieran todo lo que necesitaban para prosperar. Esto muestra que cuando los creyentes reciben bendiciones, son llamados a transmitirlas a otros. La generosidad de Asher no se limitó a los obsequios materiales, sino que también incluyó su apoyo, aliento y amor por los demás. Esto enseña a los creyentes que ser una bendición para los demás implica tanto dar ayuda material cuando sea necesario como ofrecer apoyo emocional y espiritual.

En un ambiente familiar, los creyentes pueden ser una bendición si muestran amor, paciencia y comprensión. El ejemplo de fidelidad de Asher en su vida familiar enseña que los vínculos familiares fuertes se construyen sobre la base de la confianza, el cuidado y el respeto mutuo. Al priorizar las necesidades familiares y mostrar amor a través de acciones, los creyentes pueden crear un ambiente donde todos se sientan valorados y apoyados. Así como Asher cuidó de su familia y su tribu, los creyentes de hoy pueden ser una fuente de bendición para sus familias al estar presentes, apoyar y dedicarse al bienestar de sus seres queridos. Esto podría implicar pequeños actos como ayudar con las tareas del hogar, ofrecer un oído atento o tomarse el tiempo para animar y fortalecer a cada miembro de la familia.

En el lugar de trabajo, los creyentes también pueden ser un faro de bendición al mantener la integridad, mostrar bondad y ayudar a otros a tener éxito. El compromiso de Asher con la fidelidad y la rectitud es algo que se puede aplicar en cualquier lugar de trabajo o entorno comunitario. En lugar de centrarse únicamente en el beneficio personal, los creyentes pueden tratar de animar a los demás y promover un ambiente positivo y de apoyo. Esto podría significar estar dispuesto a compartir conocimientos y recursos, ayudar a los compañeros de trabajo a superar los desafíos u ofrecer una palabra amable a alguien que esté pasando apuros. Cuando los creyentes se concentran en ayudar a otros a tener éxito, no sólo se convierten en una bendición para sus colegas sino que también reflejan la generosidad de Dios.

Los creyentes también pueden convertirse en una bendición en sus comunidades al involucrarse en actos de servicio y marcar una diferencia en las vidas de los demás. La vida de Asher enseña que las bendiciones no son sólo para el individuo sino que deben compartirse con los demás. Al participar en servicio comunitario, ser voluntario o apoyar a organizaciones locales, los creyentes pueden crear un impacto positivo y bendecir a quienes los rodean. Ya sea ayudando a un vecino con la compra, siendo voluntario en un refugio o apoyando una organización benéfica local, estos actos de bondad marcan una diferencia tangible y muestran a otros el amor de Dios.

La generosidad es un tema importante en la vida de Asher y juega un papel clave en cómo los creyentes pueden ser una bendición para los demás. Asher era conocido por su generosidad, no sólo en las cosas materiales sino también en la forma en que trataba a los demás. La generosidad no se trata sólo de dar dinero o regalos; se trata de tener un corazón generoso y estar dispuesto a compartir cualquier recurso o talento que tengamos. Esto puede incluir dar tiempo, ofrecer aliento, compartir conocimientos o ayudar cuando sea necesario. Al adoptar una actitud generosa en cada área de la vida, los creyentes pueden reflejar el corazón de Dios y ser una fuente de bendición para quienes los rodean.

La fidelidad es otra lección importante de la vida de Asher. Aser permaneció fiel a Dios, y esta fidelidad moldeó su forma de tratar a los demás. Cuando los creyentes son fieles en su relación con Dios, ésta se desborda en sus interacciones con los demás. La fidelidad implica ser digno de confianza y estar comprometido a hacer lo correcto, incluso cuando sea difícil. En las familias, los lugares de trabajo y las comunidades, los creyentes pueden ser una bendición si permanecen fieles a sus compromisos y siempre hacen lo mejor que pueden, sin importar la situación. La fidelidad genera confianza y ayuda a los demás a sentirse seguros en sus relaciones, ya sea en el hogar, el trabajo o la comunidad.

La vida de Asher también muestra que las bendiciones llegan cuando los creyentes alinean sus acciones con la voluntad de Dios. Al vivir según los principios de Dios, los creyentes pueden ser una influencia positiva en todos los ámbitos de la vida. Cuando las personas actúan con honestidad, bondad e integridad, no sólo honran a Dios sino que también inspiran a otros a hacer lo mismo. Esto crea un efecto dominó, donde un acto de bondad o generosidad conduce a acciones más positivas, lo que ayuda a construir una cultura de amor y respeto. En un mundo donde el egoísmo y la avaricia a menudo se celebran, los creyentes pueden destacarse como faros de luz al vivir vidas que reflejen los valores del Reino de Dios.

Los creyentes también pueden convertirse en una bendición al ofrecer aliento y hablar palabras de vida a los demás. La vida de Asher demuestra que ser una bendición no siempre se trata de dar regalos físicos; a veces, se trata de ofrecer palabras de esperanza y afirmación. El estímulo puede levantar el ánimo de alguien, motivarlo a seguir adelante y recordarle su valor. En la familia, el lugar de trabajo o la comunidad, los creyentes pueden bendecir a otros ofreciendo palabras amables y edificantes, especialmente en tiempos difíciles. Así como la vida de Aser estuvo llena de bendiciones, los creyentes de hoy pueden convertirse en una fuente de bendición al hablar la verdad y animar las vidas de quienes los rodean.

Además, los creyentes pueden seguir el ejemplo de Aser de mostrar compasión a los necesitados. Ya sea un vecino que enfrenta dificultades o un compañero de trabajo que enfrenta luchas personales, los creyentes pueden ser una fuente de bendición al mostrar empatía y ofrecer apoyo. Los actos de compasión, como dar una mano, ofrecer comida o simplemente estar presente en tiempos difíciles, reflejan el amor y la generosidad de Dios. Al mostrar compasión, los creyentes demuestran que no sólo se preocupan por su propio bienestar sino también por el bienestar de los demás.

convertirse en un faro de bendición para los demás implica vivir con propósito e intencionalidad. La vida de Asher no fue vivida pasivamente; buscó activamente bendecir a quienes lo rodeaban. De la misma manera, los creyentes de hoy pueden ser intencionales en sus esfuerzos por bendecir a otros. Esto podría implicar buscar oportunidades para servir, ofrecer un oído atento o intervenir cuando se necesite ayuda. Al tener un propósito en sus acciones, los creyentes pueden tener un impacto duradero en sus familias, lugares de trabajo y comunidades, convirtiéndose en un verdadero faro de bendición.

La vida de Asher es un poderoso ejemplo de cómo los creyentes pueden convertirse en una bendición para los demás. A través de la generosidad, la fidelidad y la compasión, los creyentes pueden impactar positivamente a sus familias, lugares de trabajo y comunidades. Al vivir según la voluntad de Dios y priorizar el bienestar de los demás, los creyentes pueden reflejar el amor de Dios y ser una fuente de esperanza y aliento para quienes los rodean. Así como la vida de Aser estuvo marcada por bendiciones, los creyentes de hoy también pueden experimentar el gozo y la satisfacción que proviene de ser una bendición para los demás.

CAPÍTULO 12

José: fidelidad en las pruebas y triunfos

La resiliencia de José ante las dificultades

La vida de José en el Testamento de los Doce Patriarcas sirve como un poderoso ejemplo de resiliencia en tiempos difíciles. Su historia está llena de pruebas y desafíos que pusieron a prueba su fe; sin embargo, a través de cada dificultad, José mantuvo su confianza en Dios. Traicionado por sus hermanos, vendido como esclavo y encarcelado, el viaje de José no fue nada fácil. Sin embargo, a pesar de todo, nunca perdió la fe en el plan de Dios para su vida. Su inquebrantable resiliencia enseña a los creyentes lecciones valiosas sobre cómo manejar la adversidad, permanecer fieles durante las dificultades y confiar en el propósito de Dios.

La primera prueba importante de José se produjo cuando sus hermanos lo vendieron como esclavo, quienes estaban celosos de la relación especial que tenía con su padre, Jacob. La traición por parte de miembros de la familia es una experiencia dolorosa, y José fácilmente podría haberse amargado o enojado. Sin embargo, en lugar de sucumbir a la desesperación, decidió confiar en la soberanía de Dios. La fe de José se mantuvo fuerte a pesar de sus circunstancias. Comprendió que su situación, aunque difícil, era parte de un plan más amplio que aún no podía ver. Su capacidad para mantenerse resiliente durante este tiempo muestra que incluso cuando enfrentan traición, los creyentes pueden mantener su fe reconociendo que Dios siempre tiene el control, incluso cuando las cosas parecen inciertas.

Una vez que José llegó a Egipto, su situación no mejoró inmediatamente. Fue vendido a Potifar, un oficial de Faraón, y aunque José trabajó diligente y fielmente, fue acusado falsamente de un crimen que no cometió. Como resultado, fue encarcelado. Este podría haber sido otro momento en la vida de José en el que podría haberse dado por vencido o haberse sentido abandonado por Dios. Sin embargo, una vez más, José permaneció fiel y resistente. Eligió seguir confiando en el plan de Dios para su vida, incluso en los momentos más oscuros. Su tiempo en prisión no quebró su espíritu. En cambio, continuó mostrando integridad y fidelidad, lo que llevó a que lo pusieran a cargo de otros prisioneros. Esto demuestra una lección importante: cuando enfrentan situaciones injustas o se sienten tratados injustamente, los creyentes aún pueden encontrar fortaleza al confiar en que Dios usará sus circunstancias para bien al final.

La resiliencia de José también fue evidente en su capacidad para perdonar. Después de ascender al poder en Egipto, los hermanos de José, que una vez lo habían traicionado, acudieron a él en busca de ayuda durante una hambruna. A pesar del dolor que le habían causado, José decidió perdonarlos y ofrecerles bondad. Este acto de perdón fue un momento clave en su viaje, ya que demostró que la resiliencia no se trata solo de soportar las dificultades, sino también de dejar atrás las heridas del pasado y elegir seguir adelante con un corazón compasivo. La capacidad de José para perdonar enseña a los creyentes modernos que la verdadera resiliencia surge cuando podemos superar el dolor causado por los demás y actuar con gracia y misericordia, tal como Dios nos ha mostrado misericordia.

A lo largo de sus pruebas, la fe de José se mantuvo firme. Nunca dudó en su creencia de que Dios tenía un propósito para su vida. Esta es una lección crucial para los creyentes modernos. Es fácil sentirse abrumado cuando nos enfrentamos a circunstancias difíciles, pero la historia de José nos recuerda que la resiliencia se basa en la fe. Al confiar en que Dios tiene un plan para nuestras vidas, incluso cuando no podemos entenderlo, podemos enfrentar la adversidad con fortaleza y esperanza. La resiliencia de José nos enseña que los tiempos difíciles no son castigos sino oportunidades de crecimiento y preparación para el futuro que Dios tiene para nosotros.

José también mostró resiliencia a través de sus acciones. Mientras estuvo en casa de Potifar, trabajó diligentemente e hizo lo mejor que pudo en todo lo que le fue asignado. Su integridad y su arduo trabajo finalmente le hicieron ganar confianza, a pesar de las mentiras y los reveses que enfrentó. Cuando estuvo en prisión, continuó sirviendo con excelencia, y sus acciones le brindaron oportunidades para interpretar sueños, lo que eventualmente atrajo la atención del faraón. Esto demuestra que la resiliencia no se trata sólo de perdurar; se trata de elegir activamente vivir de una manera que honre a Dios y seguir trabajando por lo que es correcto, incluso cuando la situación parezca desesperada. Para los creyentes modernos, esto significa continuar dando lo mejor de sí mismos, permanecer fieles en su trabajo y confiar en que Dios abrirá las puertas correctas en el momento correcto.

La historia de José también enfatiza la importancia de la paciencia. No recibió recompensas inmediatas por su fidelidad y resiliencia. De hecho, soportó muchos años de dificultades antes de ser elevado a una posición de poder en Egipto. Este período de espera requirió paciencia, y la capacidad de José para aguantar sin apresurarse ni buscar venganza muestra una profunda confianza en los tiempos de Dios. Para los creyentes de hoy, esto les enseña que la resiliencia está estrechamente ligada a la paciencia. A veces, las respuestas a nuestras oraciones y las recompensas por nuestra fidelidad toman tiempo, y durante estos períodos, es importante confiar en que Dios está trabajando detrás de escena, preparándonos para lo que está por venir.

Otro aspecto importante de la resiliencia de José fue su capacidad para mantener la esperanza. Ante la traición, el encarcelamiento y la incertidumbre, José nunca perdió la esperanza. Continuó confiando en que Dios sacaría bien de sus circunstancias. Esta esperanza impulsó su resiliencia. Para los creyentes de hoy, la esperanza es una parte crucial para soportar las pruebas. Es fácil desanimarnos cuando las cosas no van bien, pero la esperanza en las promesas de Dios puede ayudarnos a mantenernos fuertes, sabiendo que Él siempre está con nosotros y que tiene buenos planes para nuestras vidas.

La historia de José también enseña el valor de la perspectiva. Él veía sus pruebas no como castigos sino como pasos en el plan de Dios. Cuando finalmente se reveló a sus hermanos, dijo: "Vosotros pensasteis hacerme mal, pero Dios lo encaminó a bien" (Génesis 50:20). Esta perspectiva le ayudó a soportar las dificultades que enfrentó. Reconoció que incluso los acontecimientos negativos de su vida podrían utilizarse para un propósito mayor.

Para los creyentes modernos, esta lección es importante. Cuando enfrentamos dificultades, podemos optar por ver nuestros desafíos a través del lente de la fe, confiando en que Dios está usando incluso los momentos difíciles para refinarnos, fortalecer nuestro carácter y prepararnos para algo más grande.

La resiliencia de José ante las dificultades enseña a los creyentes modernos varias lecciones valiosas. Primero, es posible mantener la fe en Dios durante tiempos difíciles confiando en Su plan. En segundo lugar, la resiliencia implica perdonar y dejar atrás las heridas del pasado. En tercer lugar, es fundamental permanecer fiel y trabajar diligentemente, incluso en circunstancias difíciles. Cuarto, la resiliencia requiere paciencia y la capacidad de confiar en los tiempos de Dios. Por último, tener esperanza y la perspectiva correcta puede ayudar a los creyentes a soportar las pruebas con fortaleza y confianza.

La historia de José es un testimonio del poder de la resiliencia. Su vida muestra que no importa cuán difícil sea el viaje, aquellos que confían en Dios y permanecen fieles finalmente verán su plan desarrollado en sus vidas. Su capacidad para soportar las dificultades, perdonar a sus hermanos y mantener su fe en Dios a pesar de todo es un ejemplo poderoso para los creyentes de hoy. A través de la vida de José, se recuerda a los creyentes modernos que la resiliencia no se trata sólo de sobrevivir a las pruebas, sino de crecer a través de ellas y llegar a ser más como Cristo en el proceso.

Lecciones sobre el perdón y la soberanía de Dios

El viaje de José hacia el perdón es una de las lecciones más poderosas de la Biblia, que muestra no solo la importancia del perdón sino también la soberanía de Dios. Su historia está llena de dificultades, traiciones y un viaje de curación emocional que culmina en un momento de profundo perdón. Este viaje, especialmente en relación con sus hermanos que le hicieron daño, nos enseña valiosas lecciones sobre el significado del perdón y cómo Dios siempre está obrando detrás de escena, convirtiendo situaciones difíciles en algo bueno.

Los hermanos de José estaban celosos de él porque su padre, Jacob, era el que más lo amaba. Estos celos los llevaron a conspirar para deshacerse de José. Finalmente lo vendieron como esclavo y lo llevaron a Egipto. En ese momento, José tenía todos los motivos para guardar rencor contra sus hermanos. Lo traicionaron, lo separaron de su familia y le causaron un sufrimiento inimaginable. Sin embargo, en lugar de centrarse en su dolor y enojo, José decidió confiar en Dios y esperar a que se desarrollara Su plan. Esta decisión no fue fácil, pero muestra cómo el fundamento del perdón comienza con la confianza en la soberanía de Dios: creer que Dios tiene el control, incluso en medio de la traición y las dificultades.

Mientras la vida de José continuaba en Egipto, enfrentó muchos desafíos. Fue acusado falsamente de un crimen que no cometió y encarcelado, pero incluso en estas terribles circunstancias, José permaneció fiel a Dios. Su integridad, sabiduría y capacidad para interpretar sueños finalmente lo llevaron a una alta posición en la corte del faraón. Pasaron los años y una grave hambruna azotó la tierra, que afectó tanto a Egipto como a las regiones circundantes. Fue durante ese tiempo que los hermanos de José llegaron a Egipto en busca de comida, sin saber que estaban ante el hermano al que habían agraviado hacía tantos años.

Cuando José vio por primera vez a sus hermanos, los reconoció de inmediato, pero ellos no lo reconocieron a él. Este momento fue una prueba para José. Podría haber elegido la venganza. Tenía el poder y la posición para castigar a sus hermanos por sus acciones pasadas. Sin embargo, José eligió un camino diferente. No les reveló de inmediato su identidad. En cambio, puso a prueba su carácter y sus corazones. A través de este proceso, quería ver si sus hermanos habían cambiado, si realmente estaban arrepentidos por lo que habían hecho y si se habían arrepentido de sus malas acciones.

Al interactuar con sus hermanos, José se dio cuenta de que habían cambiado. Habían crecido y ya no eran los individuos celosos y egoístas que eran cuando lo vendieron como esclavo. En un momento de intensa emoción, Joseph ya no pudo contenerse. Reveló su identidad a sus hermanos, quienes se sorprendieron y asustaron. Temían que José buscara venganza por los males que le habían hecho. Sin embargo, José respondió con una declaración extraordinaria. Les dijo: "Vosotros pensasteis hacer mal contra mí, pero Dios lo encaminó a bien" (Génesis 50:20). Esta profunda declaración resalta dos aspectos importantes: el corazón perdonador de José y su comprensión de la soberanía de Dios.

La disposición de José a perdonar a sus hermanos no solo fue un acto de bondad sino también un profundo reflejo de su confianza en el plan de Dios. José reconoció que Dios había estado obrando a lo largo de su vida, incluso durante los momentos dolorosos de traición y sufrimiento. Vio que todo, incluso las malas acciones de sus hermanos, había sido usado por Dios para lograr un propósito mayor. La vida de José nos enseña que el perdón no se trata sólo de liberar a otros de la deuda que tienen con nosotros, sino de reconocer que Dios tiene el control de cada situación. Cuando perdonamos, liberamos nuestro corazón de la carga de la ira y el resentimiento y confiamos en que Dios traerá el bien en cada circunstancia.

El perdón que José extendió a sus hermanos también revela el poder de sanación y reconciliación. Cuando José decidió perdonar, no estaba simplemente dejando atrás el pasado; estaba creando un nuevo comienzo para su relación con sus hermanos. En lugar de permitir que el pasado siguiera controlándolo, decidió seguir adelante con un espíritu de gracia y misericordia. Esta es una lección crucial para nosotros hoy: el perdón nos permite avanzar en las relaciones y construir conexiones más sanas y amorosas con los demás. Guardar rencor sólo prolonga el dolor y la separación, mientras que el perdón abre la puerta a la curación y la restauración.

El viaje de José también resalta el papel de la soberanía de Dios a la hora de transformar para bien las situaciones difíciles. José fácilmente podría haberse amargado y resentido después de haber sido traicionado por sus hermanos. En cambio, decidió confiar en el plan de Dios, incluso cuando no podía ver el resultado. Con el tiempo, José reconoció que todas sus dificultades lo habían preparado para el papel que desempeñaba ahora: ayudar a salvar a Egipto y a su familia durante una época de hambruna. Lo que parecía ser una serie de acontecimientos desafortunados fue, de hecho, la preparación divina de Dios para un propósito mayor.

La soberanía de Dios es evidente en cada parte del viaje de José. Es posible que haya experimentado sufrimiento, pero ese sufrimiento fue utilizado para refinar su carácter y prepararlo para el papel de liderazgo que asumiría más tarde. José entendió que nada estaba fuera del control de Dios, e incluso las acciones de sus hermanos fueron utilizadas por Dios para lograr un bien mayor. Esta comprensión es esencial para que la comprendamos cuando enfrentamos dificultades. Cuando somos agraviados o heridos, es fácil sentir que Dios nos ha abandonado. Sin embargo, la historia de José nos recuerda que Dios siempre está obrando, incluso en las situaciones más difíciles, cumpliendo Sus propósitos para nuestras vidas.

A través del perdón de José, también aprendemos que el perdón no se trata de olvidar los errores que nos han hecho ni de disculpar el dolor. El perdón consiste en elegir liberar la ira y la amargura que guardamos en nuestro corazón y permitir que Dios sane nuestras heridas. Se trata de reconocer que

Dios puede usar incluso las experiencias más dolorosas para el bien, y que podemos confiar en que Él hará justicia en Su tiempo.

El perdón de José a sus hermanos nos enseña que el perdón es una herramienta poderosa para la libertad personal y el crecimiento espiritual. Cuando perdonamos, nos liberamos del peso emocional del pasado y permitimos que Dios obre en nuestros corazones. La vida de José demuestra cómo el perdón y la confianza en la soberanía de Dios pueden conducir a la paz, la sanación y la restauración.

Para los creyentes modernos, la historia de José es un recordatorio de que estamos llamados a perdonar, incluso cuando sea difícil. El perdón no siempre es fácil, pero es un paso necesario para experimentar la verdadera paz y sanación. También se nos recuerda que Dios tiene el control de cada situación. No importa lo que nos suceda, podemos confiar en que Él lo usará para Su buen propósito.

Así como José vio la mano de Dios en su vida, podemos confiar en que Dios está obrando en nuestras vidas, incluso en las circunstancias más difíciles.

El camino de José hacia el perdón y su comprensión de la soberanía de Dios proporcionan un modelo para los creyentes de hoy. A través de su ejemplo, aprendemos que el perdón es un poderoso acto de fe y que cuando perdonamos, nos alineamos con la voluntad de Dios. También aprendemos que Dios siempre está obrando en nuestras vidas, realizando Sus buenos propósitos, incluso en las situaciones más difíciles. La historia de José nos anima a confiar en Dios, perdonar a los demás y creer que Él cambiará todas las cosas para bien.

Cómo prosperar espiritualmente en medio de los desafíos de la vida

La vida de José es un poderoso ejemplo de cómo prosperar espiritualmente, incluso en las circunstancias más desafiantes y dolorosas. A lo largo de su vida, José enfrentó muchas pruebas: fue traicionado por sus hermanos, vendido como esclavo, acusado falsamente de un delito y encarcelado durante muchos años. A pesar de estas dificultades, José mantuvo una profunda confianza en Dios y continuó creciendo espiritualmente. Su historia enseña a los creyentes modernos cómo mantenerse espiritualmente fuertes y confiar en Dios, sin importar lo que la vida les depare.

Una de las prácticas clave que siguió José fue mantener su integridad, incluso frente a la adversidad. Cuando era joven en la casa de su padre, José era el favorito de su padre, lo que puso celosos a sus hermanos. En lugar de permitir que la amargura o la ira nublaran sus acciones, José decidió permanecer honorable. Incluso cuando sus hermanos lo traicionaron y lo vendieron como esclavo, José no perdió su fe. En Egipto, trabajó duro y permaneció fiel, lo que llevó a que lo ascendieran a siervo de confianza en la casa de Potifar. Pero cuando la esposa de Potifar lo acusó falsamente de haber obrado mal, José fue enviado a prisión. A pesar del dolor y la injusticia que enfrentó, José continuó manteniendo intacta su integridad. No permitió que las acusaciones falsas cambiaran quién era ni cómo actuaba.

Este nivel de integridad, incluso cuando la vida es injusta, es una poderosa lección para los creyentes de hoy. El ejemplo de José muestra que mantenerse fiel a los propios valores y mantener un sentido del bien y del mal es una práctica importante para el crecimiento espiritual. Cuando se enfrentan a tentaciones o situaciones difíciles, los creyentes deben recordar el ejemplo de José y elegir actuar de manera que se alinee con su fe, sin importar lo difícil que parezca.

Otra lección importante de la vida de José es su capacidad para perdonar. José fue agraviado por sus hermanos de la manera más dolorosa posible. Sin embargo, cuando finalmente se reunió con ellos, no buscó venganza ni guardó rencor. En cambio, los perdonó, reconociendo que sus acciones eran parte del plan más amplio de Dios para salvar a muchas personas durante la hambruna. Esta decisión de perdonar, incluso después de una gran traición, es una de las formas más importantes en que José mantuvo su fortaleza espiritual. El perdón le permitió liberar la amargura y la ira, que fácilmente podrían haberlo abrumado.

Para los creyentes de hoy, el perdón es una práctica que puede ayudar a mantener la salud espiritual. Cuando las personas enfrentan relaciones difíciles o se sienten heridas por otros, puede ser fácil amargarse o resentirse. Sin embargo, al elegir el perdón, tal como lo hizo José, los creyentes pueden mantener sus corazones abiertos a la sanación y la paz de Dios. Perdonar a los demás no significa olvidar lo que pasó, pero sí significa elegir dejar de lado la ira y la amargura que pueden bloquear el crecimiento espiritual.

José también prosperó espiritualmente porque mantuvo su confianza en el plan de Dios, incluso cuando las circunstancias parecían sombrías. Después de ser vendido como esclavo, José no sabía qué pasaría después. Sin embargo, continuó confiando en que Dios tenía un propósito para su vida. En prisión, José continuó honrando a Dios y no cedió a la desesperación. Creía que Dios no lo había abandonado, ni siquiera en los momentos más oscuros. Su confianza en la soberanía de Dios (su control sobre todo) lo ayudó a mantener la esperanza y la fidelidad.

Para los creyentes modernos, confiar en el plan de Dios en tiempos difíciles puede ser una práctica desafiante, pero es esencial para el crecimiento espiritual. La vida suele estar llena de incertidumbre y desafíos inesperados. Puede ser tentador tratar de controlar situaciones o cuestionar el plan de Dios, pero el ejemplo de José muestra que confiar en el tiempo y el propósito de Dios puede traer paz incluso en tiempos difíciles. Los creyentes pueden adoptar esta práctica recordándose constantemente que Dios tiene el control, incluso cuando no comprenden lo que está sucediendo en sus vidas. Confiar en el plan de Dios permite a los creyentes enfrentar los desafíos con confianza, sabiendo que Dios está trabajando detrás de escena para su bien.

La vida de José también enseña la importancia de seguir sirviendo a los demás, incluso en tiempos difíciles. Cuando José estuvo en prisión, no se centró únicamente en sus propias luchas. En cambio, ayudó a quienes lo rodeaban, interpretando sueños para sus compañeros de prisión. Sus acciones fueron un recordatorio de que el crecimiento espiritual a menudo se produce cuando nos centramos en los demás y no en nosotros mismos. Al servir a los demás, José continuó viviendo su fe y se mantuvo espiritualmente fuerte.

Para los creyentes de hoy, esta lección es fundamental. Es fácil consumirse con los propios problemas y luchas, pero el ejemplo de José enseña que ayudar a los demás, incluso cuando enfrentamos desafíos, puede ayudarnos a crecer espiritualmente. Servir a los demás puede adoptar muchas formas, ya sea ofreciendo apoyo a los amigos, ayudando a los necesitados o simplemente siendo una influencia positiva en una situación difícil. Cuando servimos a los demás, reflejamos el amor de Dios y le permitimos que nos use para sus mayores propósitos.

Otro aspecto clave de la fortaleza espiritual de José fue su profunda conexión con Dios a través de la oración y la confianza en la sabiduría de Dios. Si bien la Biblia no da muchos detalles específicos sobre las oraciones personales de José, sus acciones muestran que estaba en sintonía con Dios. Tenía un profundo conocimiento de que Dios le había dado la capacidad de interpretar sueños y usaba ese don para ayudar a los demás, siempre dándole crédito a Dios. Este reconocimiento del papel de Dios en su vida y el uso de sus dones para los demás es un poderoso recordatorio para los creyentes de hoy.

Desarrollar una relación personal con Dios a través de la oración y buscar Su guía es crucial para el crecimiento espiritual. En tiempos difíciles, los creyentes pueden acudir a Dios en busca de sabiduría y fortaleza, tal como lo hizo José. A través de la oración, los creyentes pueden expresar sus preocupaciones, buscar consuelo y pedir dirección. Al permanecer cerca de Dios y confiar en Él, los creyentes pueden mantener su crecimiento espiritual, incluso en los momentos más difíciles.

José también demostró paciencia y perseverancia. A lo largo de su vida tuvo que esperar a que se cumplieran las promesas de Dios. No recibió recompensas instantáneas ni respuestas inmediatas a sus oraciones. En cambio, confió pacientemente en que Dios haría realidad su plan en su momento oportuno. La paciencia de José dio sus frutos y, finalmente, fue elevado a una posición de gran poder, lo que le permitió salvar a su familia y a muchas otras personas del hambre durante la hambruna.

Para los creyentes de hoy, practicar la paciencia es esencial para el crecimiento espiritual. En un mundo que valora la gratificación instantánea, puede resultar difícil esperar el tiempo de Dios. Sin embargo, la vida de José enseña que confiar en el tiempo de Dios y perseverar en circunstancias difíciles conducirá en última instancia al cumplimiento del plan perfecto de Dios. Al ser pacientes y confiar en el proceso de Dios, los creyentes pueden mantener su salud espiritual y fortalecerse en su fe.

La vida de José ofrece muchas prácticas valiosas que los creyentes pueden adoptar para prosperar espiritualmente, incluso en los momentos más difíciles de la vida. Mantener la integridad, perdonar a los demás, confiar en el plan de Dios, servir a los demás, permanecer conectado con Dios a través de la oración y practicar la paciencia son aspectos clave del crecimiento espiritual. Al seguir estas prácticas, los creyentes pueden afrontar los desafíos de la vida con fuerza, fe y paz, tal como lo hizo José.

CAPÍTULO 13

Benjamín: equilibrio entre fuerza y compasión

El legado de lealtad y fortaleza de Benjamín

El legado de Benjamín entre los Doce Patriarcas es un poderoso ejemplo de lealtad, fortaleza y resiliencia. Era el hijo menor de Jacob, nacido de Raquel, y su historia está profundamente entrelazada con temas de lealtad familiar y fortaleza ante la adversidad. A pesar de su juventud y las dificultades que enfrentó, Benjamín mostró una tremenda lealtad a su familia, especialmente durante las pruebas que sufrieron sus hermanos. Su fuerza, tanto física como emocional, ayudó a dar forma a su tribu y aseguró que sus descendientes continuaran con su legado de valentía y unidad.

La lealtad de Benjamín quedó demostrada por primera vez cuando sus hermanos conspiraron contra su padre Jacob y su amado hijo José. Cuando se pidió a los hermanos que regresaran a Egipto durante una época de hambruna, su padre recibió con gran preocupación la inclusión de Benjamín. Jacob dudaba en enviarlo, temiendo por su seguridad por lo que le había sucedido a José. Sin embargo, los hermanos de Benjamín le aseguraron a Jacob que lo protegerían. Este momento reveló la posición de Benjamín dentro de la familia como alguien en quien se podía confiar, incluso después de una historia tan dolorosa. Su lealtad se demostró en la forma en que participó en el viaje y, más tarde, en la forma en que interactuó con José, a quien inicialmente no reconoció.

El papel de Benjamín en la historia de José ilustra cómo su lealtad no sólo se extendía a su familia inmediata sino también a un sentido más amplio de responsabilidad hacia su tribu y linaje. Su confiabilidad y dedicación a su familia fueron vitales durante los momentos de tensión y prueba. Estas cualidades ayudaron a preservar la unidad de su familia durante un período de profunda división, y sus acciones reforzaron la importancia de los lazos familiares, la lealtad y el apoyo, incluso en tiempos de separación.

La fuerza fue otro aspecto clave del carácter de Benjamín. No sólo era físicamente fuerte sino también mental y emocionalmente resistente. Como era el más joven, fácilmente podría haber sido eclipsado por los hermanos mayores, que ya habían establecido su lugar dentro de la estructura familiar. Sin embargo, la fortaleza de Benjamín le permitió mantenerse firme en los momentos difíciles. Cuando José reveló su identidad a sus hermanos, Benjamín fue una figura central en la reconciliación. No retrocedió ante la situación, sino que enfrentó la verdad con valentía, lo que ayudó a fomentar la curación de una familia fracturada.

La fuerza de Benjamín no era sólo física sino también moral y emocional. Tuvo que soportar la pérdida de su madre Rachel a una edad temprana y creció a la sombra de las complejas relaciones dentro de su familia. Sin embargo, a pesar de los desafíos personales y las difíciles circunstancias que lo rodeaban, Benjamin mantuvo su fortaleza y pudo desempeñar un papel importante en el camino de su familia hacia la curación y la unidad. Esta fortaleza emocional y moral es algo de lo que los creyentes modernos pueden aprender.

La historia de Benjamín enseña a los creyentes modernos que la lealtad y la fortaleza son cualidades esenciales para construir y mantener relaciones saludables, especialmente en tiempos difíciles. La lealtad no significa lealtad ciega, sino más bien un profundo compromiso de apoyar a los demás, especialmente cuando lo necesitan. En el mundo actual, la lealtad puede manifestarse de muchas maneras, como apoyar a amigos y familiares cuando atraviesan momentos difíciles, ofrecer apoyo cuando otros enfrentan dificultades y permanecer fiel a sus compromisos incluso cuando surgen desafíos. Al cultivar la lealtad, los creyentes pueden fomentar la confianza y crear comunidades fuertes y solidarias que puedan capear cualquier tormenta.

La fuerza, por otro lado, no se trata sólo de poder físico; se trata de resiliencia, perseverancia y fortaleza mental. La fuerza a menudo se pone a prueba durante los momentos más difíciles de la vida. La capacidad de Benjamín para permanecer fuerte frente a la adversidad nos enseña que es posible mantenernos firmes cuando los desafíos nos ponen a prueba. Ya sea que se trate de luchas personales, de afrontar pruebas en el trabajo o la escuela, o de atravesar relaciones difíciles, los creyentes pueden aprender de Benjamín que la verdadera fortaleza proviene de confiar en la guía de Dios y confiar en su capacidad para ayudarnos incluso en los momentos más difíciles.

Además de la lealtad y la fortaleza, la historia de Benjamín también destaca la importancia del perdón y la reconciliación. Cuando Benjamín y sus hermanos se reunieron con José, fue un momento de profunda sanación. A pesar del inmenso dolor causado por la traición de sus hermanos, José decidió perdonarlos y Benjamín siguió su ejemplo. Esta voluntad de reconciliar y perdonar es una poderosa lección para los creyentes de hoy. En cualquier familia o comunidad habrá momentos de conflicto y malentendidos. El ejemplo de Benjamín nos anima a trabajar por la reconciliación, incluso cuando las heridas son profundas. Al hacerlo, podemos restaurar relaciones rotas y construir vínculos más fuertes con los demás.

La vida de Benjamín también proporciona un modelo de cómo permanecer humilde en medio de los desafíos. Si bien fácilmente podría haberse visto a sí mismo como una víctima, dadas las circunstancias de sus primeros años de vida, Benjamin decidió abordar sus relaciones y responsabilidades con un sentido de humildad. No buscó venganza ni intentó demostrar que era superior a sus hermanos. En cambio, aceptó su papel en la familia con gracia y no permitió que el orgullo o el resentimiento interfirieran con sus relaciones. Para los creyentes modernos, esta actitud de humildad es esencial para mantener relaciones sólidas y saludables. Nos enseña a abordar los desafíos con un espíritu de cooperación en lugar de competencia y a centrarnos en la curación en lugar de la división.

El legado de lealtad, fortaleza, perdón y humildad de Benjamín ofrece lecciones valiosas para los creyentes modernos. Al encarnar estas cualidades, los creyentes pueden convertirse en fuentes de apoyo y estabilidad en sus familias, comunidades y lugares de trabajo. La lealtad ayuda a generar confianza y a crear relaciones sólidas y unificadas. La fortaleza permite a los creyentes enfrentar los desafíos de la vida con resiliencia y determinación. El perdón cura las relaciones rotas y la humildad fomenta la unidad y la cooperación. A través de estas cualidades, los creyentes pueden tener un impacto positivo en quienes los rodean, tal como lo hizo Benjamín con su tribu.

Cuando los creyentes modernos buscan encarnar estas virtudes, deben recordar que la fuente de la verdadera fortaleza y lealtad se encuentra en Dios. Así como Benjamín confió en su fe y confianza en Dios, los creyentes de hoy pueden recurrir a la fuerza de Dios para enfrentar las dificultades de la vida y mantener su compromiso con los demás. A través de la oración, la lectura de las Escrituras y la búsqueda de la guía de Dios, los creyentes pueden cultivar las cualidades de lealtad, fortaleza, perdón y humildad que los ayudarán a prosperar en sus relaciones y a vivir su fe de manera significativa.

La vida de Benjamin es un ejemplo brillante de cómo equilibrar la fuerza con la compasión, la lealtad con la humildad y el coraje con la gracia. Su legado sirve de inspiración para los creyentes que buscan vivir estas virtudes en el mundo actual, generando un impacto duradero en sus familias, comunidades y el mundo que los rodea.

El papel de la compasión en el liderazgo

La vida de Benjamin ofrece una profunda lección sobre cómo la fuerza y la compasión pueden trabajar juntas, especialmente en roles de liderazgo. Como hijo menor de Jacob, Benjamín creció en una familia llena de desafíos, incluyendo traición, pérdida e incertidumbre. Sin embargo, se hizo conocido por su fuerza, no sólo en términos de resistencia física sino también por su capacidad para soportar situaciones difíciles. Sin embargo, su fuerza siempre estuvo acompañada de compasión, lo que hizo que su liderazgo fuera efectivo y emocionalmente inteligente. Para los líderes modernos, ya sea en el lugar de trabajo, la familia o la comunidad, el ejemplo de Benjamin proporciona ideas valiosas sobre la importancia de equilibrar la fuerza con la empatía, particularmente en tiempos de crisis.

La historia de Benjamin enseña que el liderazgo no depende únicamente del poder o la autoridad, sino también de la capacidad de comprender y cuidar de los demás. En tiempos de crisis, la respuesta de un líder puede marcar la diferencia. Benjamín demostró este equilibrio cuando fue parte de la reunión de la familia con José, a quien habían agraviado muchos años antes. Su fuerza, tanto de carácter como de lealtad, le permitió soportar las dificultades de las acciones anteriores de la familia, pero su compasión lo convirtió en una figura fundamental en el proceso de reconciliación. Cuando vio a sus hermanos en apuros, no aprovechó la situación para hacer valer su posición, ni ignoró su dolor emocional. En cambio, mostró comprensión y compasión, reforzando la importancia de la empatía en el liderazgo.

Los líderes que muestran fuerza y compasión entienden que las decisiones difíciles requieren algo más que determinación y coraje: también requieren la capacidad de considerar los sentimientos y necesidades de los demás. Esto quedó particularmente claro cuando la familia de Benjamín enfrentó el momento de la verdad en Egipto, cuando fueron llevados ante José, a quien no reconocían. En lugar de usar su fuerza para exigir respuestas o buscar venganza, Benjamín formó parte de un equipo que trabajó por la curación y la reconciliación. Esta capacidad de equilibrar la firmeza con la ternura aseguró que la familia permaneciera unida y que las relaciones mejoraran, a pesar de las profundas heridas del pasado.

En el liderazgo moderno, esta combinación de fuerza y compasión es igualmente crucial. Por ejemplo, en tiempos de crisis, como las dificultades financieras de una empresa, la recuperación de una comunidad ante un desastre o una familia que enfrenta la pérdida de un ser querido, los líderes a menudo se ven llamados a tomar decisiones difíciles. Es fácil asumir que el liderazgo significa hacerse cargo con acciones firmes y decisivas, pero los grandes líderes saben que mostrar compasión durante estos momentos es igualmente importante. La compasión implica escuchar las preocupaciones de las personas, comprender sus emociones y actuar de una manera que promueva la curación y la restauración. Los líderes que muestran compasión pueden generar confianza y crear un entorno donde las personas se sientan seguras, comprendidas y apoyadas.

El papel de Benjamin en la restauración de la familia también resalta que un liderazgo con compasión no significa debilidad o indecisión. De hecho, la compasión requiere fuerza. Se necesita una persona fuerte para mantener la calma y la empatía cuando otros están luchando o molestos. Los líderes que actúan con compasión a menudo deben tomar la difícil decisión de dejar de lado sus intereses personales en aras del bienestar de los demás. Benjamín no permitió que los errores del pasado nublaran su juicio o lo amargaran. En cambio, utilizó su fuerza para fomentar la unidad y la paz, lo que requería una tremenda madurez emocional y autocontrol.

Este aspecto del liderazgo es vital para los líderes modernos porque los anima a acercarse a sus equipos y comunidades con una mentalidad de servicio. En el acelerado mundo actual, se espera que muchos líderes logren resultados y gestionen las operaciones de manera eficiente. Sin embargo, el verdadero liderazgo también tiene que ver con las personas: cómo servir, comprender y elevar a quienes forman parte del equipo o la comunidad. Los líderes que sólo se centran en tareas y objetivos pueden no ver las necesidades emocionales de aquellos a quienes dirigen, lo que en última instancia puede obstaculizar el crecimiento, la moral y el éxito. La capacidad de Benjamin para conectarse emocionalmente con su familia y ofrecer un camino hacia la curación, a pesar de su propio sufrimiento, ofrece un modelo para los líderes actuales que buscan equilibrar la productividad con un cuidado genuino por las personas que dirigen.

Otra lección de la vida de Benjamin es que los líderes que lideran con fuerza y compasión crean un impacto duradero. Su liderazgo en la familia finalmente condujo a la supervivencia y el florecimiento de la tribu de Benjamín. Su capacidad para equilibrar la fuerza emocional y física aseguró que su tribu no sólo soportaría los desafíos sino que también prosperaría en tiempos difíciles. Los líderes modernos pueden adoptar este enfoque reconociendo que la verdadera fortaleza reside en la capacidad de guiar a otros a través de las dificultades, apoyándolos emocional, mental y físicamente. Por ejemplo, un líder compasivo podría garantizar que se respalde la salud mental de los empleados durante una crisis ofreciendo asesoramiento o horarios de trabajo flexibles, y al mismo tiempo manteniendo una dirección clara para los objetivos del equipo.

Además, el liderazgo de Benjamin muestra la importancia de mantenerse leal y comprometido con los propios valores y responsabilidades. En tiempos de crisis, es tentador para los líderes perder de vista sus principios rectores, pero el ejemplo de Benjamin nos recuerda que los líderes fuertes deben permanecer arraigados en sus convicciones, incluso cuando empaticen con los demás. Su lealtad a su familia y su capacidad para ver el panorama más amplio de la reconciliación y la restauración fueron clave para el éxito de su liderazgo. Los líderes modernos pueden tomar en serio esta lección al recordar los valores fundamentales que impulsan sus acciones y decisiones, incluso cuando las presiones externas dificultan mantenerse fieles a esos valores.

Los líderes que muestran fuerza y compasión también fomentan un entorno en el que se anima a otros a actuar de manera similar. Cuando Benjamín mostró compasión hacia sus hermanos, a pesar de sus malas acciones anteriores, dio un ejemplo que influyó en toda la familia. Su liderazgo no se trataba de afirmar el dominio sino de fomentar el crecimiento, la curación y la unidad. De manera similar, los líderes modernos que muestran empatía y fortaleza en tiempos difíciles inspiran a quienes los rodean a hacer lo mismo. Cuando los líderes se toman el tiempo para preocuparse por los demás y mostrar comprensión, cultivan una cultura de bondad, apoyo y cooperación que beneficia a todos en la comunidad u organización.

La lección de la compasión en el liderazgo es que ayuda a los líderes a permanecer accesibles y relacionables. La capacidad de Benjamín para sentir empatía por sus hermanos, incluso después de que lo habían lastimado, le permitió conectarse con ellos a un nivel más profundo. No se veía a sí mismo por encima de ellos, sino como parte de la misma familia, enfrentando juntos los desafíos. Esta mentalidad es crucial para los líderes modernos, quienes deben poder conectarse con sus equipos y comunidades a nivel humano. Los líderes que actúan con compasión no sólo son más eficaces en tiempos de crisis, sino que también construyen relaciones más sólidas y cohesivas que contribuyen al éxito a largo plazo.

La vida de Benjamin demuestra la poderosa combinación de fuerza y compasión en el liderazgo. Su capacidad para liderar con resiliencia y empatía durante tiempos de crisis proporciona un modelo para los líderes modernos, quienes pueden aprender de su ejemplo liderando con inteligencia emocional y un compromiso inquebrantable con sus valores. Al abrazar tanto la fuerza como la compasión, los líderes pueden guiar a otros a través de los desafíos y al mismo tiempo fomentar la confianza, la unidad y el éxito a largo plazo.

Usar la fuerza para proteger y elevar a los demás

La fuerza de Benjamín fue un elemento clave en su capacidad para proteger y animar a sus hermanos durante los momentos difíciles de sus vidas. Aunque era el hijo menor de Jacob, el papel de Benjamín dentro de la familia era esencial. Mostró cómo la fuerza física, emocional y espiritual podría usarse no para dominar o controlar a otros, sino para salvaguardar y apoyar a los necesitados, especialmente en tiempos de crisis. Sus acciones brindan un fuerte ejemplo para los creyentes de hoy sobre cómo usar su fuerza para servir a los demás, particularmente en formas que ofrecen protección, aliento y ayuda.

La fuerza física de Benjamín se puede ver en el contexto de su lealtad y papel dentro de la familia. Cuando sus hermanos se encontraron en una situación terrible en Egipto, después de haber sido acusados de espionaje por el gobernante, la fuerza de Benjamín no consistía sólo en ser físicamente robusto; se trataba de mantenerse firme y apoyar emocionalmente a su familia. Su lealtad hacia sus hermanos quedó patente cuando, a pesar de los riesgos, no los abandonó. En cambio, los apoyó cuando más importaba, incluso cuando se enfrentaba a la posibilidad de ser acusado de haber actuado mal. En esta situación, su fuerza no fue utilizada para luchar sino para aguantar, brindando una sensación de seguridad a sus hermanos.

Para los creyentes modernos, la fuerza emocional juega un papel crucial en cómo uno puede servir y proteger a los demás. La fuerza emocional significa ser capaz de mantener la calma y la compostura durante situaciones difíciles, ofreciendo tranquilidad y estabilidad a quienes nos rodean. Al igual que Benjamín, los creyentes de hoy pueden usar su fuerza emocional para proteger a aquellos en su comunidad que puedan sentirse vulnerables. Cuando alguien lucha contra el miedo, la pérdida o la incertidumbre, la fortaleza emocional implica ofrecer consuelo y apoyo a través de palabras amables, un oído atento y ayuda práctica. La fortaleza emocional permite a las personas superar sus propias ansiedades y miedos para centrarse en las necesidades de los demás, proporcionando una sensación de estabilidad y seguridad a quienes están en crisis.

La fuerza física también puede desempeñar un papel en el servicio a los demás, aunque no debe ser la única medida de fuerza. Puede implicar el uso de la energía para cuidar físicamente a aquellos que están débiles, enfermos o que necesitan protección. Por ejemplo, ayudar a otros con tareas manuales o proteger a alguien de cualquier daño demuestra un uso desinteresado de la fuerza física. Las propias acciones de Benjamín pueden verse como un ejemplo de este tipo de presencia física, donde su fuerza física lo ayudó a mantenerse firme en momentos de tensión familiar y peligro potencial. En el mundo actual, la fuerza física se puede utilizar para ayudar a quienes no pueden cuidar de sí mismos, ya sea ayudando a alguien con problemas de movilidad, defendiendo a otros de cualquier daño o simplemente brindando un espacio reconfortante y seguro para quienes se sienten inseguros.

La fuerza espiritual es otra forma de fortaleza que los creyentes pueden usar para proteger y elevar a otros. Esta forma de fortaleza implica fe en Dios y un profundo sentido de confianza en Su propósito, lo que a su vez permite a los creyentes servir a los demás con gracia y resiliencia. Para Benjamín, la fortaleza espiritual lo ayudó a permanecer firme durante situaciones difíciles y lo mantuvo enfocado en el bienestar de su familia, a pesar de las pruebas que enfrentaron. Los creyentes modernos pueden recurrir a su propia fuerza espiritual para guiarlos en momentos de adversidad. Al confiar en el plan de Dios y permanecer cimentados en su fe, los creyentes están mejor equipados para ofrecer aliento y esperanza a otros que están luchando. Esta fuerza espiritual permite a los creyentes actuar como fuentes de sabiduría, paz y apoyo en tiempos difíciles.

La importancia de usar la fuerza para proteger y elevar a los demás se destaca en la forma en que Benjamín interactuó con sus hermanos durante su reunión en Egipto. Cuando José, que estaba en una posición de poder, se reveló a sus hermanos, Benjamín pudo ser parte del proceso de curación, ayudando a restaurar la relación entre José y el resto de la familia. Esta restauración no fue solo el resultado de las acciones de José sino también de la capacidad de Benjamín para apoyar a sus hermanos y brindarles apoyo moral y emocional. Usó su fuerza no para buscar venganza o castigar, sino para facilitar la curación y la reconciliación. Al hacerlo, Benjamin demostró la importancia de utilizar la fuerza de una manera que beneficie a los demás, especialmente en relaciones donde el dolor y el conflicto han causado división.

En el mundo actual, los creyentes pueden usar su fuerza para proteger y elevar a otros de diversas maneras. La fuerza se puede utilizar para defender a quienes están oprimidos, ofreciéndoles una voz en situaciones en las que tal vez no sean escuchados. También se puede utilizar para abogar por la justicia, ya que las acciones de Benjamin resaltan la importancia de mantenerse firme en lo que es correcto, incluso cuando se enfrenta oposición o desafíos. Usar la fuerza para proteger y elevar a otros requiere que los creyentes sean compasivos, justos y decididos, reconociendo que sus acciones pueden marcar una diferencia significativa en las vidas de quienes los rodean.

Una de las lecciones más importantes de la vida de Benjamín es que la fuerza no debe usarse para beneficio propio o para afirmar poder sobre los demás, sino para servir y proteger. Benjamín no usó su posición ni su fuerza para elevarse o hacer que otros se sintieran inferiores. En cambio, utilizó su fuerza para apoyar y animar a su familia, asegurándose de que estuvieran seguros, cuidados y tuvieran la oportunidad de reconciliarse. Esta lección es fundamental para los creyentes de hoy, ya que los desafía a repensar la forma en que utilizan sus propias fortalezas en sus comunidades. Ya sea a través de actos de bondad, ofreciendo apoyo emocional o defendiendo lo que es correcto, los creyentes están llamados a usar sus fortalezas de manera que edifiquen a los demás en lugar de derribarlos.

Además, utilizar la fuerza para proteger y elevar a los demás no significa ignorar las propias necesidades. Al igual que Benjamín, los creyentes pueden mostrar a los demás la importancia de equilibrar la fuerza con la compasión. Para proteger y elevar a los demás, es esencial tener una base de bienestar personal. Al cuidarse espiritual, emocional y físicamente, los creyentes están mejor equipados para ofrecer su fuerza a los demás. Este equilibrio garantiza que sus acciones sean sostenibles y que puedan seguir ofreciendo apoyo sin sentirse abrumados ni agotados.

El ejemplo de Benjamin proporciona información valiosa sobre cómo se puede utilizar la fuerza personal para proteger y elevar a los demás. Ya sea a través de la fuerza emocional, física o espiritual, los creyentes de hoy están llamados a usar su fuerza no por razones egoístas sino para servir a los demás y garantizar su seguridad y bienestar. La capacidad de Benjamín para permanecer leal, ofrecer apoyo y mantenerse firme en tiempos de crisis constituye un poderoso ejemplo para los creyentes modernos. Siguiendo este ejemplo, los creyentes pueden desempeñar un papel fundamental en sus comunidades, lugares de trabajo y familias, utilizando su fuerza para generar un impacto positivo y ayudar a otros a prosperar.

CONCLUSIÓN

Viviendo la Sabiduría de los Doce Patriarcas

La sabiduría de los Doce Patriarcas ofrece una guía eterna que puede ayudar a los creyentes de hoy a vivir una vida de fidelidad, integridad y propósito. La historia de cada patriarca proporciona lecciones valiosas que se pueden aplicar a la vida diaria, fortaleciendo la relación con Dios y con los demás. Al examinar sus vidas, podemos aprender a afrontar los desafíos de la vida con fuerza, sabiduría y gracia.

Una de las lecciones clave de los Doce Patriarcas es la importancia de la fidelidad. La fidelidad a Dios, a la propia familia y a las propias responsabilidades es un tema que recorre la vida de todos los patriarcas. Por ejemplo, la fe inquebrantable de José en Dios, incluso frente a la traición y las dificultades, nos enseña el valor de confiar en el plan de Dios, incluso cuando no está claro de inmediato. Para aplicar esta lección hoy, los creyentes pueden permanecer fieles en sus rutinas diarias, confiando en la guía de Dios a través de la oración y el estudio de las Escrituras. La fidelidad también implica mantenerse fiel a los compromisos, ya sea con Dios, la familia o el trabajo, y ser coherente en las acciones y decisiones.

La integridad es otro tema central en la vida de los Doce Patriarcas. Integridad significa vivir con honestidad y rectitud moral, y esto fue evidente en la vida de muchos de los patriarcas, como Judá, quien finalmente mostró gran integridad al asumir la responsabilidad de sus acciones. En el mundo actual, la integridad es necesaria en todos los ámbitos de la vida, desde los negocios hasta las relaciones personales. Los creyentes pueden practicar la integridad siendo sinceros en todas sus interacciones, tomando decisiones basadas en lo correcto y evitando situaciones que comprometan sus valores morales.

El propósito es un tema general en la vida de los patriarcas. Cada patriarca tenía un papel que desempeñar en el gran plan de Dios y sus vidas estaban llenas de propósito, incluso en tiempos difíciles. Al aceptar sus roles y confiar en la dirección de Dios, cumplieron su propósito divino. Para los creyentes modernos, encontrar y abrazar el propio propósito comienza con buscar la voluntad de Dios y comprender los dones y talentos únicos que Él nos ha dado. El propósito se puede encontrar en las acciones cotidianas, ya sea servir a los demás, seguir una carrera significativa o formar una familia. Los creyentes pueden reflexionar sobre sus metas y aspiraciones personales, asegurándose de que se alineen con el propósito de Dios para sus vidas.

Las formas prácticas de incorporar estas lecciones en la vida diaria incluyen dedicar tiempo a la oración y al estudio bíblico con regularidad, buscar oportunidades para servir a los demás y mantener un enfoque en el crecimiento espiritual. Practicar constantemente la bondad, la honestidad y la lealtad en las relaciones ayudará a los creyentes a vivir las virtudes modeladas por los Doce Patriarcas. En tiempos de dificultad, recordar los ejemplos de la resiliencia de José, la integridad de Judá y la fortaleza de Benjamín puede brindar fortaleza y guía. En última instancia, vivir con fidelidad, integridad y propósito ayudará a los creyentes a llevar vidas que honren a Dios y reflejen Su amor al mundo.